两希文明哲学经典译丛

包利民 章雪富 主编

论至善和至恶

[古罗马] 西塞罗 著

石敏敏 译

Philosophical
Classics of
Hellenistic-Roman
Times

中国社会科学出版社

图书在版编目（CIP）数据

论至善和至恶／（古罗马）西塞罗著；石敏敏译．—北京：
中国社会科学出版社，2017.8（2023.9 重印）
（两希文明哲学经典译丛／包利民 章雪富主编）
ISBN 978-7-5161-7990-1

Ⅰ.①论…　Ⅱ.①西…②石…　Ⅲ.①西塞罗，M.T.（前
106~前43）－伦理学－研究 Ⅳ.①B502.42

中国版本图书馆 CIP 数据核字（2016）第 074831 号

出 版 人	赵剑英	
责任编辑	凌金良　陈　彪	
责任校对	土　影	
责任印制	张雪娇	

出　　版	中国社会科学出版社	
社　　址	北京鼓楼西大街甲 158 号	
邮　　编	100720	
网　　址	http://www.csspw.cn	
发 行 部	010－84083685	
门 市 部	010－84029450	
经　　销	新华书店及其他书店	

印刷装订	环球东方（北京）印务有限公司
版　　次	2017 年 8 月第 1 版
印　　次	2023 年 9 月第 3 次印刷

开　　本	650×960　1/16
印　　张	13.5
插　　页	2
字　　数	168 千字
定　　价	39.00 元

2016年再版序

我们对哲学的认识无论如何都与希腊存在着关联。如果说人类的学问某种程度上都始于哲学的探讨，那么也可以说，在某种程度上我们都是希腊的学徒。这当然不是说希腊文明比其他文明更具优越性和优先性，而只是说人类长时间以来都得益于哲学这种运思方式和求知之道，希腊人则为基于纯粹理性的求知方式奠定了基本典范，并且这种基于好奇的知识探索已经成为不同时代人们的主要存在方式。

希腊哲学的光荣主要是与苏格拉底、柏拉图和亚里士多德联系在一起。这套译丛则试图走得更远，让希腊哲学的光荣与更多的哲学家——伊壁鸠鲁、西塞罗、塞涅卡、爱比克泰德、斐洛、尼撒的格列高利、普卢克洛、波爱修、奥古斯丁等名字联系在一起。在编年史上，他们中的许多人已经是罗马人，有些人在信仰上已经是基督徒，但他们依然在某种程度上，或者说他们著作的主要部分仍然是在续写希腊哲学的光荣。他们把思辨的艰深诠释为生活的实践，把思想的力量转化为信仰的勇气，把城邦理念演绎为世界公民。他们扩展了希腊思想的可能，诠释着人类文明与希腊文明的关系。

这套丛书被冠以"两希文明哲学经典译丛"之名，还旨在显示希腊文明与希伯来文明的冲突相生。希腊化时期的希腊和罗马时代的希腊已经不再是城邦时代的希腊，文明的多元格局为哲学的运思和思想的道路提供了更广阔的视域，希腊化罗马时代的思想家致力于更具个体性、时间性、历史性和实践性的哲学探索，更倾心于在一个世俗的世界塑造一种盼望的降临，在一个国家的时代奠定一种世界公民的身份。在这个时代并且在后续的世代，哲学不再只是一个民族的事业，更是人类知识探索的始终志业；哲学家们在为古代哲学安魂的时候开启了现代世界的图景，在历史的延续中瞻望终末的来临，在两希文明的张力中看见人类更深更远的未来。

十年之后修订再版这套丛书，寄托更深！

是为序！

包利民　章雪富
2016 年 5 月

2004 年译丛总序

西方文明有一个别致的称呼，叫作"两希文明"。顾名思义，西方文明有两个根源，由两种具有相当张力的不同"亚文化"联合组成，一个是希腊—罗马文化，另一个是希伯来—基督教文化。国人在地球缩小、各大文明相遇的今天，日益生出了认识西方文明本质的浓厚兴趣。这种兴趣不再停在表层，不再满意于泛泛而论，而是渴望深入其根子，亲临其泉源，回溯其原典。

我们译介的哲学经典是关于更为狭义意义上的"两希文明时代"——即这两大文明在历史上首次并列存在、相遇、互相叩问、相互交融的时代。这是一个跨度相当大的历史时代，大约涵括从公元前 3 世纪到公元 5 世纪八百年的时间。对于"两希"的每一方，这都是一个极为具有特色的时期，它们都第一次大规模地走出自己的原生地，影响别的文化。首先，这个时期史称"希腊化"时期；在亚历山大大帝东征的余威之下，希腊文化超出了自己的城邦地域，大规模地东渐教化。世界各地的好学青年纷纷负笈雅典，朝拜这一世界文化之都。另一方面，在这番辉煌之下，却又掩盖着别样的痛楚；古典的社会架构和思想的范式都在经历着剧变；城邦共和体系面临瓦解，曾经安于公民德性生活范式的人感到脚下不稳，感到精神无所归依。于是，"非主流"型的、非政治的、"纯粹的"哲学家纷纷兴起，企图为个体的心灵宁静寻找新的依据。希腊哲学的各条主要路线都在此时总结和集大成：普罗提诺汇总了柏拉图和亚里士多德路线，伊壁鸠鲁/卢克来修汇总了自然哲学路线，怀疑论汇总了整个希腊哲学中否定性的一面。同时，这些学派还开出了与古典哲学范式相当不同的但是同样具有重要特色的新的哲学。有人称之为"伦理学取向"和"宗教取向"的哲学，我们称之为"哲学治疗"的哲学。这些标签都提示了：这是一个在剧变之下，人特别关心人自己的幸福、宁静、命运、个性、自由等的时代。一个时代应该有一个时代的哲学。那个时代的哲学会不会让处于类似时代中的今人感到更多的共鸣呢？

另一方面，东方的另一个"希"——希伯来文化——也在悄然兴起，逐渐向西方推进。犹太人在亚历山大里亚等城市定居经商，带去独特的文化。后来从犹太文化中分离出来的基督教文化更是日益向希腊—罗马文化的地域慢慢西移，以至于学者们争论这个时代究竟是希腊文化的东渐还是东方宗教文化的西渐？希伯来—基督教文化与希腊文化是特质极为不同的两种文化，当它们最终遭遇之后，会出现极为有趣的相互试探、相互排斥、相互吸引，以致逐渐部分相融的种种景观。可想而知，这样的时期在历史上比较罕见。一旦出现，则场面壮观激烈，火花四溅，学人精神为之一振，纷纷激扬文字，评点对方，捍卫自己，两种文化传统突然出现鲜明的自我意识。从这样的时期的文本入手探究西方文明的特征，是否是一条难得的路径？

还有，从西方经典哲学的译介看，对于希腊—罗马和希伯来—基督教经典的译介，国内已经有不少学者做了可观的工作；但是，对于"两希文明交汇时期"经典的翻译，尚缺乏系统工程。这一时期在希腊哲学的三大阶段——前苏格拉底哲学、古典哲学、晚期哲学——中属于第三大阶段。第一阶段与第二阶段分别都已经有了较为系统的译介，但是第三阶段的译介还很不系统。浙江大学外国哲学研究所的两希哲学的研究与译介传统是严群先生和陈村富先生所开创的，他们长期以来一直追求沉潜严谨、专精深入的学风。我们这次的译丛集中选取了希腊哲学第三阶段的所有著名哲学流派的著作：伊壁鸠鲁派、怀疑派、斯多亚派、新柏拉图主义、新共和主义（西塞罗、普鲁塔克）等，希望为学界提供一个尽量完整的图景。同时，由于这个时期哲学的共同关心聚焦在"幸福"和"心灵宁静"的追求上，我们的翻译也将侧重介绍伦理性—治疗性的哲学思想；我们相信哲人们对人生苦难和治疗的各种深刻反思会引起超出学术界的更为广泛的思考和关注。另一方面，这一时期在希伯来—基督教传统中属于"早期教父"阶段。犹太人与基督徒是怎么看待神与人、幸福与命运的？他们又是怎么看待希腊人的？耶路撒冷和雅典有什么干系？两种文明孰高孰低？两种哲学难道只有冲突，没有内在对话和融合的可能？后来的种种演变是否当时就已经露现了一些端倪？这些都是相当有意思的学术问题和相当急迫的现实问题（对于当时的社会和人）。为此，我们选取了奥古斯丁、斐洛和尼撒的格列高利等人的著作，这些大哲是"跨时代人才"，他们不仅"学贯两希"，而且"身处两希"，体验到的张力真切而强烈；他们的思考必然有后来者所无法重复的特色和原创性，值得关注。

这些，就是我们译介"两希文明"哲学经典的宗旨。

另外，还需要说明两点：一是本丛书中各书的注释，凡特别注明"中译者注"的，为该书中译者所加，其余乃是对原文注释的翻译；二是本译丛也属于浙江大学跨文化研究中心系列研究计划之一。我们希望以后能推出更多的翻译，以弥补这一时期思想经典译介之不足。

包利民　章雪富

2004 年 8 月

目　录

中译本导言

一　生平概况

马库斯·图利乌斯·西塞罗（Marcus Tullius Cicero，公元前106 年 1 月 3 日—公元前 43 年 12 月 7 日），演说家、律师、政治家和哲学家，一生参与许多重大政治事件，扮演重要角色，经历了罗马共和国的衰落和灭亡。他的作品是那些历史事件的宝贵信息资源，他的哲学作品则是他屡次被迫脱离政坛的见证。

西塞罗出身贵族，但他的家族里没有一个是有钱的贵族，只是由于在选举中获胜，才得以在罗马开始他们的政治生涯。西塞罗就像是另一个阿基里斯（Achilles），心怀远大的政治抱负，渴望成为最好的政治家，在他同时代的人中实可谓鹤立鸡群。这是他 30 岁之前的人生目标。

对西塞罗来说，仅是法律方面的经历就足以引导他走向政治上的成功。他前后当过财务官、市政官、执法官、执政官、元老院议员，对自己的成功非常自豪，尤其对一举粉碎企图用武力推翻罗马政权的喀提林阴谋颇为得意。他未经审判就处五名谋反者死刑，并引以为豪。这是他一生中最成功的 15 年，可谓声名鹊起（公元前 75—前 59 年）。

但是，到了公元前 60 年，恺撒、庞培和克拉苏联合起来，组成"前三头"同盟，控制了罗马政坛。西塞罗受到仇敌抨击，公元前 58 年，法官克劳狄（Clodius）提出一项有溯及力的法案，凡未经审判就处罗马公民死刑的，应当勒令流放，全部财产充公。这次流放为西塞罗提供了充足的思考时间，他开始了第一个哲学研究时期。但是，大约一年之后，政局发生了变化，他蒙允回到罗马，财产也得以全部返还。

政治事务使他不得不放弃哲学研究。当恺撒跨越鲁比孔河（Rubicon River），带领军队进入意大利，发动与庞培的内战时，西塞罗选择站在庞培一边。不过，他并不热心，因为所争论的不是罗马应当是共和国还是帝国的问题，而是谁将成为皇帝的问题。是庞培，还是恺撒？无论是谁，都将是一场灾难。最后，恺撒赢了，于公元前48年成了罗马的第一位皇帝。他赦免了西塞罗，允许他于公元前47年7月回到罗马。西塞罗被迫离开政治，于是致力于学术研究，从事哲学著述。

恺撒于公元前44年3月15日被杀，这导致安东尼（Antony）、李必达（Lepidus）与屋大维（Octavian）、奥古斯都（Augustus）之间的又一场权力之战。西塞罗作为再生的德谟斯提尼（Demosthenes，古希腊演说家），仍然希望能恢复共和国，为此发表了一系列热情似火的演讲。这就是著名的《反腓利比克之辩》（Philippics），他希望帮助屋大维战胜安东尼。但安东尼不仅把西塞罗本人，还把他的儿子、兄弟以及侄子全列在死刑名单上，屋大维却袖手旁观，没有保护西塞罗及其整个家庭。于是，安东尼一声令下，赫勒尼乌斯（Herennius）砍去了西塞罗的头和手，把他们全都钉在元老院的演讲柱上。因而，西塞罗的最后15年（公元前57—前43年）充满了悲剧色彩。

二 思想概述

西塞罗的哲学从属于政治，带有一定的政治目的，也就是捍卫并改善罗马共和国。他认为政治家都已经败坏了，不再拥有先辈们早年所具有的优秀品质。哲学和艺术始终是雅典人独领风骚的活动，罗马人西塞罗对法律、统治、职责这些道德和实践问题更感兴趣，所以他把希腊作品译成拉丁文，创设词汇和概念，理想化地描述罗马历史，树立正当行为的榜样，阐明它的思想。

柏拉图的新老学园派导向怀疑主义，因为人类不可能对自己关于世界的知识非常确信，因而不能说哪种哲学就是真理。西塞罗是个法律高手，能够考虑到问题的方方面面，为委托人有效辩护，一旦出现新的证据或遇到新的问题，就得全面重新考虑对策。他又是一个政治家，就这种身份来说，他需要大量灵活的技巧，才能应变自如。他确实非常聪明，机智过人，对其他哲学流派可以信手拈来、随意使用，用得恰到好处，对它们的观点如数家珍，所以他的教导非常成功。另外，他对伊壁鸠鲁学派充满鄙视，极尽讥笑挖苦之能事，结果对它的教导严重误解，竟然以为它根本上不过是对低级快乐（食、色、酒）的无耻追求。但是，这一学派的创始人伊壁鸠鲁及其追随者实际教导的是，快乐就是没有痛苦（包括对财富、名誉或权力的欲望所引起的痛苦），而不是生活放荡，毫无自制。伊壁鸠鲁学派教人远离政治和公共事务，与朋友安静共处，致力于哲学研究（像苏格拉底那样），这样的生活才可能有最大的快乐。伊壁鸠鲁学派还是无神论者，因为他们认为宇宙中的一切事物，包括天体，都是由原子构成的。他们的原子论使他们对诸神的存在不感兴趣，因为诸神诚然存在，但并不干涉人的事务。此外，他们相信，人最大的痛苦是由对死亡以及死后的世界的恐惧所致。所以他们认为死只不过意味着感觉的终结，如构成物体的各原子彼此分离一样。因而没有任何理由畏惧死亡，因为根本没有神的审判或者来生。

西塞罗涉足政治颇深，对荣耀孜孜以求，这使他与伊壁鸠鲁学派强调隐居的理论相反。他还拒斥无神论，因为对神圣处罚的畏惧往往对人具有威慑力，使人不敢行不道德之事。

然而，在流放期间，他再也不能参与公共生活，所以他所能指望的最好的事情就是个人生活的修养，以及它所可能提供的快乐。

西塞罗是个真正的治国之才。他试图一点点而不是完全地接纳斯多亚主义的生活方式。他始终是个罗马人，而罗马的日常道德规范与斯多亚学派的某些理想是背道而驰的。因而，西塞罗把斯多亚学派罗马化，使其改头换面。我们只要看一下他借斯西比奥之口表达的关于理想地支配身体的观点，就可以注意到他的设想。但西塞罗局限于罗马人的经验范围，从他与亚里士多德对城邦衰落的不同看法可以最清楚地看出这一点。亚里士多德知道城邦衰败之后会产生怎样的潜在力量和影响，但西塞罗根本不明白亚里士多德如此洋洋洒洒描述的力量是什么东西。在他看来，历史提供了唯一可能的因果路径，个人的力量和行为在作为结果产生的城邦中是微不足道的。

西塞罗的哲学信念与斯多亚哲学相冲突的另一点是宗教。在这一点上，罗马传统与斯多亚理论是完全相反的，所以，两者永远不可能真正统一。这凸显了重智求知的希腊世界与重宗教恩赐的罗马传统之间的区别。这一区别在两个世界之间划出一条界线，一个是知识、理性的世界，另一个是传统和感情的世界。斯多亚哲学是一种注重知识和兄弟关系（brotherhood）的希腊哲学，也强调宿命论，相信一切都由固定的宇宙秩序预定，所以不可能被罗马人实际接受。斯多亚的宇宙本质上是一个精确有序、毫不混乱的宇宙。人的目标就是服从于秩序，也就是大自然的理性计划；与宇宙秩序和谐一致，按照这样的计划生活，这就是智慧。拒斥自然秩序或大自然，那就是罪。在他们看来，这大自然充满神性，因为万物都有像神一样的灵所附着。因此自然秩序本身就是神，整个宇宙也是神。

自然律适用于整个宇宙，因而，唯有所有人组成的普遍政治共同体才能存在。西塞罗的理想国家要经历三个连续阶段：第一，共和国中有一种高贵的支配力量；第二，某些权力归于贵族；第三，某些事情留给人民作主。其实，过去的罗马就是这种理想的国家：国王就是高贵力量；元老院代表贵族力量；保民官代表作主的人民。

显然，西塞罗认为罗马就是理想的完美国家。这位善于适应新环境的政治哲学家又证明神圣的罗马帝国的美德是正确有效的。罗马的扩张是神圣计划的一部分，要在罗马社会形成一个世界同盟。在这一点上，斯多亚哲学和罗马帝制是不相融的。罗马的扩张主义与斯多亚忽视人事的观点相左；大自然的计划不可能由人来改变。

当论到国家的衰败时，西塞罗拒斥斯多亚哲学，舍弃逻辑，选择传统和罗马人的感情。在西塞罗看来，一个好的政治体制是人为着共同的善而建立的。亚里士多德认为这样的体制可以有六种不同形式。所有形式都可能有好的组合或坏的组合。而且，有些形式还可能就是从另一种形式演变而来的。可以用一个、少数、多数来简单地勾画出好的和坏的组合。好的组合是君主制（一个）、贵族制（少数）、政府制（多数，即共和国）；坏的形式有僭主制（一个）、寡头制（少数）和民主制（多数）。

亚里士多德认为，这六种政治形式可以根据"好对坏""一对少数对多数"的范畴分成三对形式，分别是"君主制"（好、一）、"贵族制"（好、少数）、"政府制"即共和国（好、多）、"僭主制"（坏、一）、"寡头制"（坏、少数）、"民主制"（坏、多）。其中每一种都可能演变出其他形式，通常是由于蜕化而导致的。

5

关于灵魂的不朽，西塞罗与柏拉图一致。斯多亚学派认为灵魂能够离开身体存活，但没有感受能力。他们的意思是说，个体灵魂必须与普遍的宇宙灵魂重新合一，这是赏罚的必要前提。

三 《论至善和至恶》的主要内容

西塞罗的《论至善和至恶》写于公元前 45 年，由三次不同的谈话组成，分别讨论伊壁鸠鲁学派、斯多亚学派以及以西塞罗的雅典老师阿斯喀隆的安提奥库斯为代表的"第五学园派"的伦理学体系。就详尽阐述斯多亚伦理学而言，全面考察这一问题特别重要；谈话从正反两方面围绕主要哲学学派在人的生活目的或目标（亚里士多德称之为"telos"）问题上的论述展开。对西塞罗来说，最重要的问题是："能为正当生活和良善行为的一切原理提供准则的'目的'，即最终的目的是什么？"这也可以说是古代哲学的普遍问题。许多哲学家倾向于认为这样的问题必须从宗教中寻找答案；西塞罗则认为这是与哲学相关的问题，所以这篇作品意在在罗马人中推广当时所能找到的各种回答，让读者自己来决定哪一种更令人信服。

如上所说，《论至善和至恶》讨论的是伦理学理论，更确切地说，它阐述并批判西塞罗时代最著名的三种伦理学体系。

这是西塞罗最精致也是最系统的哲学著作，是他最有影响力的作品之一，影响了几个时代，因为当时旧的宗教已经失去控制力，基督教则还没有出现。亚里士多德把伦理学关于"telos"或目的的问题看作人所追求的最高目的，实现这样的目的就获得了他的至"善"或"福祉"。

"telos"不仅包含"目的"的意思，还有"完全"的含义，是人的本质能力——尤其是人独特的理性能力——的完全发展和正当使用。理智生活是最好的，是至善；次善就是获得终极目的的各种手段。各种善的上升有范围之限：孜孜以求的极点的目的或目标是至善，与此相对的负面价值的极端，当然就是至恶了，所以就有"善的目的，恶的目的"。

《论至善和至恶》中的每一篇都讨论一种重要的伦理学理论。第一卷阐述的伊壁鸠鲁学说可能源于这一学派的某种手册，似乎概括了伊壁鸠鲁《论目的》一文的要点，概述了伊壁鸠鲁与犬儒学派之间的主要争论，以及某个伊壁鸠鲁学说信奉者"论友谊"的作品中的要点。

亚历山大死于公元前 323 年，亚里士多德死于公元前 322 年。伊壁鸠鲁和斯多亚学派的创始人芝诺都是在约 20 年后开始在雅典任教。这个时间标志着希腊思想以及希腊生活进入了新的时代。思辨能力已经精疲力竭；柏拉图学派与亚里士多德学派在其创始人死后也显出迟暮之态。启蒙主义早就损害了宗教的根基；哲学家似乎都在各抒己见，只有在一点上众口合一，那就是都承认事物并非其显现出来的样子；人显然对自己的结论不能确信，持怀疑态度，皮浪把这一点发展成为一个体系，创立了怀疑主义。同时，外在的秩序也发生了变化。在柏拉图和亚里士多德看来，善的生活只能在一个自由的城邦中存在，就像他们所了解的希腊独立的小城邦；但这些城邦如今都落入了马其顿帝国的统治之下，希腊人与外邦人之间的藩篱已经撤除。亚历山大的后继者频繁发动的战争使一切事物都处于不安全状态；流放、为奴、暴死都有可能落到每一个人头上。

无论伊壁鸠鲁学派和斯多亚学派怎样彼此敌对，在面对时代的需要时仍有某些共同特点。哲学被体系化，分成三个公认的部分：逻辑学、物理学和伦理学。两个学派都认为第三部分是最重要的；它们都提出信条，而不是思辨，这是人作为人而不是作为希腊公民的生活方式。两者都抛弃了理想主义，认为除了质料没有其他现实，承认感觉经验也是知识。两者研究自然世界都只是为了更好地理解人的位置。两者都在时运变迁中寻求幸福和安全；它们发现幸福就在于心灵的宁静，在于心灵没有恐惧和欲望的干扰。但这里，两位导师发生了分歧。伊壁鸠鲁寻求的宁静在于使人的意志从自然律中解放出来，芝诺则认为宁静在于顺服自然律；而且他们各自的自然概念也存在本质区别。知觉和感觉分别决定我们的判断和选择，它们都是"真实的"，即都是经验获得的正确材料。"前概念"也是这样，我们借此认识每种新的知觉，即我们的一般概念，因为这些是过去知觉的积累。正是在意见中，也就是关于感知觉的判断中，才可能出现错误。意见唯有得到实际感知觉的确认，或者就那些与不可感知的对象（比如虚空）相关的意见来说，唯有当它不与实际感知觉矛盾时，才是正确的。因而，伊壁鸠鲁的论证虽然比较粗糙，却对归纳逻辑产生了影响。

《论至善和至恶》第一卷提到了伊壁鸠鲁的自然哲学。西塞罗同时代的伟大诗人卢克来修（Lucretius）的诗详尽论述了这个主题，他怀着宗教般的热情传讲导师的理论，就如向人类传讲福音。伊壁鸠鲁接受了德谟克利特的原子论。根据这一理论，最初的实体是数不清的物质颗粒，它们不可分、不可灭，凭着无限扩张的虚空自发运动。我们可灭的世界以及它所包含的一切就是这些散布在虚空中的原子的暂时聚集。除了我们的世界之外，还有无数其他世界在不断地形成和分解。这个宇宙自生自发，虽然有神存在，但他们并不引导宇宙运动；他们住在世界之间的虚空（空隙）中，过着无所忧虑的幸福生活。人的灵魂，与其他一切物质事物一样，也是由原子构成，而且是最小、最活跃的原子，外面包围着比较粗糙的身体原子，当身体死亡分解了，灵魂也随之消散。因而死就意味着完全消失。

这样，人就从损害其幸福的迷信——对诸神的惧怕，对死后惩罚的恐惧——中解放出来。但如果相信所发生的一切事都是由不可避免的命运引起的，那么仍然存在更糟糕的暴君。

伊壁鸠鲁与阿里斯底普斯一样，主张快乐是唯一的善，是构成人的福祉的唯一因素。阿里斯底普斯已经得出实际结论，正当的事就是享受所能获得的现时快乐。他的行为准则可以用贺拉斯（Horace）的"及时行乐"来概括。但伊壁鸠鲁对这种幼稚的快乐主义作了彻底改造，在他这里成了一种完全不同的理论。这一理论的精义是：快乐的善是属于当下直觉的事，是靠自然本能证实的，就如在婴儿和动物的行为中所看到的；所有人的行为实际上都是以快乐为目的的；正确的目的就是确保快乐与痛苦总体上的最大平衡；没有痛苦是最大的快乐；这种快乐只能有类的分别，不可能因感觉上的满足而增加；心灵的快乐基于身体的快乐，但心理的快乐可以在量上大大超过身体的快乐。事实上，前者包括对当下满足的意识、过去快乐的记忆以及将来快乐的盼望；"非自然、非必要"的欲望和情感是不幸的最大原因；因而，谨慎、自制或自控，以及其他公认的美德对获得最大快乐的生活是至关重要的，但美德若不是为了追求幸福，其本身是没有什么价值的。

四 影响和命运

对快乐主义的这种最初并且某些方面有点自相矛盾的发展，与骄奢淫逸毫无相同之处。相反，伊壁鸠鲁既教导也践行简单的生活，磨炼日常的美德，为此他还制定了讲究实用性的法则，这使他在某些做法上走向极端的非正统。尤其是他否认公正和法律具有绝对有效性，反复教导要回避公民的现行义务。对友谊，他给予最高的评价；他在雅典郊外自己的院子中创立的这所学校，世称"Garden"，既是学生求学的学院，也是朋友聚集交往的场所，到了西塞罗时代仍然活跃，并每年庆祝其创始人的生日。伊壁鸠鲁是英格兰实用主义者的先驱；但与他们不同的地方在于，他并没有试图把快乐主义与利他主义结合起来。在古代不可能有类似于"最大多数人的最大幸福"这样的公式。伊壁鸠鲁没有明确提出当自我的权利与他人的权利发生冲突时所产生的问题。但这样的问题是与他伦理学中的唯我主义对立的，就像与它的快乐主义基础对立一样，西塞罗所真正批判的正是这种快乐主义基础。

基督教作家认为"telos"就是认识基督，至善就是那些已经认识基督的人的完整生活。这种知识使人获得救恩以及一切善中的至善，就如亚历山大里亚的克莱门的《劝勉篇》（*Protrepticon*）结尾处所说的。

Blasius Amata

意大利罗马 Salesiano 大学古典文学系

暨高级拉丁语研究所主任

2003 年 11 月

中译者前言

西塞罗的这本著作 *De Finibus Bonorum Et Malorum*，通常英译为 *On Moral Ends*（《论道德目的》），或译为《论目的》。从拉丁文来看，译为《论善和恶的目的》也无不可。全书主要讨论"至善"这个道德目的，涉及"至恶"的相关主题，因此中译本以《论至善和至恶》为题。

正如"中译本导言"的作者 Amata 教授所言，"这是西塞罗最精致也是最系统的哲学著作，是他最有影响力的作品之一"。与他的优雅的散文式的著作有所不同，这本书思辨性较强，逻辑甚为缜密，较近于今天哲学论著的风格。当然，它也保留了西塞罗修辞学和演讲术的一贯特点，例如掉尾句的构造等。在翻译中，为适合汉语的特点，我们将这些掉尾句的形式作了合乎汉语句式的处理。

我曾经译过西塞罗的另一本著作《论神性》（香港：汉语基督教文化研究所 2000 年版），深感译他著作之困难。西塞罗致力于拉丁文化传统的开创和塑造，其雄心在本译著的第一卷中便有气壮山河的独白。我们迻译本书，当可较为清晰地看到西塞罗之于希腊文明取舍的创造性态度，可为我们今天所效法。同时，就研究西塞罗思想而言，提供了他与斯多亚主义、伊壁鸠鲁主义和学园派之间较为清晰的参照，可以窥见西塞罗哲学的特征。

本书在翻译中得到过 Amata 教授的指点。我曾就 summum

bonum、iustitia、natura 的翻译向他请教过。尤其是 natura，本书主要译为"自然"，有时候也译为"本性"，正是得益于他的指点。在翻译中，还曾就伊壁鸠鲁哲学的有关术语请教过包利民教授。全书由章雪富博士作了校订。章雪富博士根据有关资料整理了"西塞罗及主要著述年表"，余友辉博士作了重要修订。在此，向以上几位学者表示感谢。当然，译文中肯定存在不少问题，请读者和专家批评指正，责任也该由我承担。

本书据 Loeb 丛书 Cicero, *De Finibus Bonorum Et Malorum*（Harvard University Press，1914）的拉英对照本翻译，参考了下面的版本：Cicero, *On Moral Ends*, Edited by Julia Annas, English Translated by Raphel Woolf, Cambridge University Press，2001。

石敏敏
浙江工商大学教授
2003 年 11 月

第 一 卷

1. 亲爱的布鲁图（Brutus）——事实上，本文不过是试图用拉丁语再现那些能力杰出、学识渊博的哲学家已经用希腊语论述过的主题，所以我清醒地意识到，本文肯定会受到来自不同方面的批评。有些人，并且就是那些并非没有文学修养的人，对哲学研究持完全反对的态度。有些人虽然没有反对得这么彻底，但也只要求对哲学浅尝辄止，因为在他们看来，人不应该把大量的兴趣和精力投身到哲学中。还有第三类人，因为精通希腊文学，鄙视拉丁文学，所以他们会说宁愿把时间花在阅读希腊文学上。最后，我怀疑还有那么一些人，希望我转向其他领域的创作，认为写这类作品虽然是高尚的消遣方式，却与我高贵的品德与地位不相吻合。对于所有这些反对意见，我想理应一一给予简要回答。事实上，我为了捍卫哲学、驳斥荷滕西斯（Hortensius）对哲学的猛烈抨击专门写了一本赞美哲学研究的书①，那本书已经充分回应了鄙视哲学的态度。那本书得到了你的认可，也得到了那些我认为有卓越的判断能力的人的认可，这激励我乘风破浪，勇往直前，我不希望被认为是个引发了兴趣却不能持之以恒的人。第二类批评者，就是那些无论怎样赞成哲学，仍然希望不要热忱投

---

① 书名就叫 *Hortensius*，是西塞罗哲学著作的一个简介。现存的唯有残篇。

人的人，他们所要求的是一种难以做到的克制。研究是一旦开始从事就要全心投入，不可能有所保留或限制的事情。事实上，前一种人的态度，也就是力图让我们完全放弃哲学的态度，看起来倒比后一种更加合理，因为后者要给本质上没有界限的东西设立界限，要求我们在越向前意义越大的研究之路上半途而废。如果智慧是可求的，我们就不仅要获得智慧，还要享受智慧；如果智慧难求，那么先不说找到真理，单就寻求真理而言，也是没有止境的。既然追求的目的如此高尚、可爱，却要在半途退缩，岂不可耻。说实在的，如果我们喜爱写作，谁会粗暴地阻止我们写作？如果我们觉得写作是一种艰苦的工作，谁会去限制别人的努力呢？毫无疑问，这是泰伦斯（Terence）戏剧里的克勒梅（Chremes），希望他的新邻居不要挖掘，不要耕耘，也不要担任何重担。① 须知，他想要阻止的不是一般的劳作，而是一种脑力劳动。唯有搬弄是非的人才会反对这样一种职业，反对我所从事的这样一种爱的劳动。

2. 因而，阐述那些自称鄙视严格意义上的拉丁作品的人的异议才是比较困难的事。关于这些人，最令我吃惊的是，他们既然非常愿意观看从希腊语逐字逐句译成拉丁文的戏剧，为何却不喜欢用自己的母语讨论严肃而重要的题目？我们完全可以以罗马人的名义说，谁心怀如此的恨恶，竟然鄙视、拒斥恩尼乌斯（Ennius）的《美狄亚》（*Medea*）或者帕库维乌斯（Pacuvius）的《安提奥坡》（*Antiope*），并辩称他虽然喜爱欧里庇得斯（Euripides）的《美狄亚》，却无法接受拉丁文的《美狄亚》。他叫喊着说，什么？要我看凯西利乌斯（Caecilius）的《年轻同志》（*The Young Comrades*），或者泰伦斯的《安德罗斯

---

① Terence, *Heautontimorumenos*, I. I. 17.

的少女》（*Maid of Andros*）？让我看梅南德（Menander）的同样两部喜剧还差不多。对这样的人我真的不敢恭维。我也承认索福克勒斯（Sophocles）的《埃勒克特拉》（*Electra*）是名著，但我认为阿提利乌斯（Atilius）的译本也值得一读。利西尼乌斯（Licinius）称阿提利乌斯是"一位钢铁般的作家"。无论如何，在我看来，他毕竟是一位作家，因而他译的作品也值得一读。对我们自己的诗人完全不了解，不是表明其思维极其僵化迟钝，就是把高雅的品位变成莫明其妙的念头。在我看来，凡是不知道我们自己的文学的人，不可能冠以学识渊博的头衔。如果我们读到"那在森林的空地上——"① 时，就如看希腊文一样欣然喜乐，那么我们还会反对把柏拉图关于道德和快乐的对话翻译成拉丁文呈现在读者面前吗？就算我们不会只做翻译匠，在保存我们所选择的权威理论的同时，还要加上我们自己的评论以及我们自己的安排，但这些反对者有什么理由仰视希腊作品，而鄙视这些不只是希腊原著的译本，同时还有卓越风格的作品呢？也许他们会回答说，因为这题目希腊人已经讨论过了。（如果讨论过的题目就不用再讨论了）那么他们为何还认为我们必须阅读大量希腊作者的作品？就拿斯多亚学派来说，它的哪一方面是克律西坡（Chrysippus）没有涉及的？但我们还是去读狄奥根尼（Diogenes）、安提帕特（Antipater）、米奈萨库斯（Mnesarchus）、潘奈提乌斯（Panaetius），还有其他许多人，特别是我们的朋友波西多尼乌斯（Posidonius）的作品。另外，塞奥弗拉斯图斯（Theophrastus）也讨论亚里士多德已经讨论过的话题，但他给我们带来的快乐仍然很多。伊壁鸠

---

① Ennius（恩尼乌斯）*Medea Exsul* 的开篇，参见 Euripides（欧里庇得斯）*Medea* 3f。

鲁以及古人所写过的问题，照样感动伊壁鸠鲁主义者去讨论和写作。既然希腊作家可以换个背景把同样的问题呈现在读者面前，为什么罗马人不能读罗马人自己的作品呢？

3. 就算我把柏拉图（Plato）或亚里士多德（Aristotle）的作品直译过来，就像我们的诗人翻译戏剧那样，请问，把那些智慧卓著的人介绍给我的同胞认识，这难道不是一种爱国行为吗？然而，事实上，迄今为止我都没有这样做，尽管我并没有感到有什么东西妨碍我这样做。诚然，如果我认为适合，我会专门保留引用某些段落的权利，尤其是引用刚刚提到的那些哲学家，这要看具体情况的需要；正如恩尼乌斯常常引用荷马（Homer），埃弗勒尼乌斯（Afranius）常常引用梅南德一样。我也不反对全世界都来读我的作品，像我们的路西利乌斯（Lucilius）①那样。我真希望他的佩尔西乌斯（Persius）能活到今天！还有斯西比奥（Scipio）和鲁提利乌斯（Rutilius），路西利乌斯担心会受到他们的批评，就争辩说自己的作品是为塔壬同（Tarentum）、康赛提亚（Consentia）和西西里（Sicily）的公众写的。毫无疑问，这篇作品非常雅致，就像路西利乌斯的其他作品一样。但他那个时代还没有非常博学的批评家给他施加压力，迫使他尽最大的努力；再说，他的作品风格都比较轻松，虽然显示出极大的机智，但绝不是大学问。然而，就我来说，我既然能够如此大胆地把我的书献给你，就再也不必担心任何读者了，因为你足可以与希腊哲学家相提并论。你还把你《论美德》这篇激动人心的作品献给

---

① 路西利乌斯，讽刺作家，公元前148—前103年，发誓只为像莱伊利乌斯（Laelius）那样学识平平的人写作，不为佩尔西乌斯那样的大学者写作。这里接下来的一句，西塞罗似乎是指路西利乌斯的另外某个段落，在那里，路西利乌斯再降调子，说只为没有文化的草民写作，不为受过教育的贵族如小斯西比奥·埃弗利卡努斯（Scipio Africanus Minor）和鲁提利乌斯·鲁弗（P. Rutilius Rufus）写作。

我，激励我更上层楼。我坚信，有些人之所以不喜欢拉丁文学，其原因在于他们恰好看到了一些文字不通、粗制滥造的作品，那是糟糕的希腊作品的更加糟糕的拉丁译本。我不与这些人争辩，除非他们也拒不阅读同类的希腊作品。但是假如有一个高贵的主题，一种精致、典雅、高尚的风格，这样的拉丁著作谁会不愿意看呢？除非有人野心勃勃地要采用十足的希腊风格，比如斯卡渥拉（Scaevola）在雅典（Athens）当执政官时，就非常羡慕阿尔布西乌斯（Albucius）。我还要引用路西利乌斯的话，他非常高雅而扼要地记载了这段轶事；他让以下这些美妙的诗句从斯卡渥拉的嘴里说出：

> 阿尔布西乌斯，你发誓那是适合你的，
> 我们要像尊敬希腊人一样尊敬你；
> 你这时尚而高雅的人，
> 竟宣称放弃"罗马人""萨宾人"的名字！
> 你鄙视自己的家乡——
> 尽管它久负盛名，
> 出了像波提乌斯（Pontius）和忒勒坦努斯（Tritannus）这
>   样英勇无畏的舰长，
> 拿着罗马军旗冲锋陷阵的将领。
> 所以当我船泊雅典，
> 你前来问候时，尊敬的阁下，为迎合你的怪癖，
> 我就直接用希腊语向你问好"提图（Titus），万岁！"
> 于是乎，卫兵、副官、射手，
> 所有人全都跟着高喊"万岁"！
> 结果，阿尔布西乌斯恼怒不已，
> 我成了他深恶痛绝的仇敌。

缪西乌斯（Mucius）的讽刺是有道理的。但是，就我而言，我始终不能不感疑惑，究竟是什么原因使人们如此普遍地鄙视本国的作品。当然，这里不是讨论这个问题的地方，但在我看来，如我常常所说的，拉丁语，绝不是像人们所以为的那样词汇匮乏，事实上它比希腊语的词汇还要丰富。我们，也就是我们那些出色的演说家和诗人，在华丽的辞藻或者圣洁的风格上何曾缺乏过资源？

4. 就我本人来说，正如我相信自己在罗马人民指派我的职位上已经尽了力，我所从事的政治活动，我所经历的劳苦和艰险，都是见证，同样，我也有责任以我最大的努力，以我所能有的热忱、激情和力量提高我同胞的学识水平。我也不必太多地在意与那些更喜欢读希腊作品的人论辩，只要他们真心实意地喜欢，而不只是假装喜欢。我的任务在于，为那些渴望欣赏两种语言文学的人，或者那些只要能看到自己的母语写的书，就不会觉得迫切需要希腊作品的人提供服务。再说，那些更希望我讨论其他话题的人很可能纵容我成为那已经写了很多作品的人——事实上我们国家没有比他写得更多的——如果他活得长一点，还会有更多的作品。即使不是如此，凡认真研究过我的哲学作品的人必会说，那些作品没有哪一篇比现在写的这篇更值得阅读。生活中出现的问题有哪个能比哲学问题更重要，尤其是这些书卷中提出的问题——什么是目的，什么是最后的终极目的？这是关于幸福和正当行为的一切原理的标准。大自然追求的最合意的东西是什么？她要避开的至恶又是什么？在这个问题上，就是最有学识的哲学家也意见纷呈，莫衷一是；所以，谁能说让我去研究生活中什么是最高的善、什么是最真实的法则是对我的贬损呢？相反，这是人们对我的极大尊敬。难道我们要让我们的政治首脑讨论诸如女奴所生的孩子是否应当归于主人的问题——帕布利乌斯·斯卡渥拉（Publius Scaevola）和马尼乌斯·马尼利乌（Manius Manilius）主张一种观点，马库斯·布鲁图（Marcus Brutus）则持另一种观点（这样的讨论倒提出了不错的法律问题，也对生活事务有现实意义）；这些涵盖人类全部行为的问题能够视而不见吗？法律问题无疑是更受人欢迎的，但哲学问题无疑更富有意义。当然，这一点可以留给读者定夺。我们相信本书就善恶的目的这个问题多少作了比较详尽的阐述。我们的用意在于尽可能提供完整的叙述，不仅对我们自己接受的观点，而且对所有不同哲学流派所主张的理论都有完整的叙述。

5. 我们就从最容易的开始，首先回顾一下伊壁鸠鲁的体系，这是大多数人非常熟悉的哲学。你会看到，我们的阐述准确而客观，就如伊壁鸠鲁主义者常常阐述的那样。因为我们的目的是要发现真理，而不是把某人作为对手来驳斥。

一位名叫路西乌斯·塔奎图斯（Lucius Torquatus）的学生，精通各种哲学体系，曾对伊壁鸠鲁的快乐主义理论作过详尽的辩护；我要回应的就是他，还有一位学识非凡、严肃认真的年轻人盖乌斯·忒莱阿里乌斯（Gaius Triarius）协助讨论。这两位都来到我在库马依（Cumae）的住所向我表示尊敬。我们先交换了对文学的一些看法，他们两人对这一领域都有满腔热情。然后，塔奎图斯说："我们难得看到你有这样的空闲，我就想听听你为何对我的老师伊壁鸠鲁持这样的态度——虽然不像大多数与他观点相左的人那样对他心怀恨恶，却无论如何都对他持不赞成态度。就我自己而言，我认为他就是发现了真理的人，是他把人类从巨大的谬误中拯救出来，传授与幸福、快乐相关的一切知识。在我看来，你之所以喜欢我们的朋友忒莱阿里乌斯，而不喜欢伊壁鸠鲁，原因在于伊壁鸠鲁忽视了你在柏拉图、亚里士多德以及塞奥弗拉斯图斯那里看到的那种高雅文风。因为我不太相信你会认为他的观点是错误的。"我回答说："塔奎图斯，我得说你完全错了。我看不出你老师的文风有什么不好。他充分表达了自己的意思，浅显明了，易于领会。如果一个哲学家文采飞扬，我不会鄙视；如果他朴实无华，我也不会固执地认为非要有文采不可。但是，我发现他的理论并不那么令人满意，对许多话题的讨论也不尽如人意。当然，不同的人有不同的思想，所以我也有可能是错的。""请问，你所反对的究竟是什么呢？在我看来，你是一位公正的批评家，只要你真正了解他的理论是什么，就会作出正确判断。""噢，"我说，"我对伊壁鸠鲁的所有理论都了如指掌——除非你认为斐德若（Phaedrus）或芝诺（Zeno）所告诉我的不是他真实的观点。我听过他们两人的课，只是他们所说的无法令我信服，唯有他们对这个理论体系的热忱倒是真诚的。事实上，我常去听他们授课，我们的朋友阿提库斯（Atticus）也常随我一起去，他对那两位都非常敬仰，对斐德若非常喜爱。我们每次听了课之后，就私下里展开讨论，几乎天天如此。对于我所能理解的内容没有什么可争论的，问题在于，能作为真理让我接受的是什么"。

6. "也就是说，什么是核心问题？"他说，"我非常想要知道你所不赞同的究竟是哪一点"。我回答说："我先说自然哲学，这是伊壁鸠鲁最引以为豪的领域。就此而言，首先，他完全得自他人，而不是原创的。他的理论与德谟克利特（Democritus）的大同小异，只作了些许修正。其次，凡是伊壁鸠鲁试图改善的地方，在我看来最终只是使事情更糟。德谟克利特相信某种他称为'原子'即物质的东西非常坚固，因而不可分，在一种无限延伸的虚空中运动，这虚空既没有顶部，也没有底部，也没有中间；既没有中心，也没有周围。这些原子不断运动，在运动中碰撞在一起，从而黏合起来；一切存在的、我们所看见的事物都是经过这样的过程产生的。而且，绝不可以为这种原子运动是有开端的，而要认为它是从来就有的，永恒的。伊壁鸠鲁本人凡是跟从德谟克利特的地方，基本上都没有犯大的错误。我对他们两人有很多不敢苟同之处，尤其是以下这一点：在研究自然中，有两个问题必须提出来，第一个是构成万物的质料是什么，第二个是万物是由什么力量构造而成。德谟克利特和伊壁鸠鲁都讨论了质料问题，但是都没有思考推动力或动力因的问题。这是两人共同的缺点，另外我要说说伊壁鸠鲁特有的错误。他相信这些相似的不可分的坚固之物是由它们自己不断垂直向下的重力产生的；然而这聪明人在这里遇到了困难，如果它们都是直线向下运动的，并且如我所说的是垂直向下，那么没有哪个原子能够超过另外的原子，于是就引入了他自己创设的一个观念，他说原子在运动中有稍稍的弯曲——几乎不可能的一点偏离；由此产生了原子与原子之间的碰撞、结合和粘连，从而创造了世界及其各个部分，创造了万事万物。在我看来，不仅这整个事件是极其幼稚的幻想，而且它也不可能产生创作者所想要的结果。弯曲本身就是一种武断的臆想，伊壁鸠鲁说原子弯曲毫无原因——然而，说某事的发生是没有原因的，这是对自然哲学家最大的冒犯。然后他还无端地使原子失去他自己所宣称的一切有重力之物体的自然运动，即向下的直线运动，但他并没有达到这种设计想要达到的目的。试想，如果所有的原子都弯曲，没有哪个会黏合到一起；如果有些弯曲，有些按其自然本性做直线运动，首先这就等同于给原子指定不同的活动空间，有的走直线，有的走曲线；其次（这也是德谟克利特的一个弱点），原子这样毫无秩序地闹腾不可能产生出我们所知道的世界的有序之美。一个自然哲学家否认质料的无限可分性也是不适当的；伊壁鸠鲁若是愿意接受他的朋友波利亚努斯（Polyaenus）

教他几何，而不是让波利亚努斯本人抛弃几何知识，就完全可能避免这样的错误。德谟克利特受过教育，精通几何，认为太阳非常之大；伊壁鸠鲁也许以为太阳的直径是一英尺，或者一英尺左右，因为他宣称它的实际大小就是看起来那样大。由此可见，凡是伊壁鸠鲁对德谟克利特理论改变之处，越改越糟；而他所接受的那些观念，功劳全在于德谟克利特——原子，虚空，影像，或者如他们所称的'eidola'，其碰撞不仅引起视觉，还产生思想；无限空间的概念，就是他们所称的'apeiria'，这些东西完全出自德谟克利特；还有关于每日有无数的世界生成又消失的思想，也是如此。就我自己来说，我完全拒斥这些理论，但我仍然希望德谟克利特这位人人都敬仰的哲学家没有被视其为唯一导师的伊壁鸠鲁如此这般地歪曲。"

7."现在转向哲学的第二个分支，方法和辩证法部分，也即'Logike'。在我看来，你的奠基人完全缺乏逻辑这整套装备。他取消定义，没有任何分类或划分的观念①，没有提供任何关于推论或三段论演绎的规则，没有传授任何解决二律背反或者辨别模棱两可的话之错误推论的方法。他把判断事实的标准放在感觉上；一度让感觉把错误的东西当成是正确的。在他看来，每一种可能判断正误的标准都顷刻之间化为乌有……

……②他最强调的一点，如他自己所宣称的，是自然自身规定并准许的，就是快乐与痛苦的感觉。他认为这两种感觉就是一切取舍行为的根基。这是阿里斯底普斯（Aristippus）的理论，昔兰尼学派（Cyrenaics）阐述得更令人信服，也更真诚坦率；但是，不管怎样，按我的判断这是与人的尊严根本不相配的一个理论。

---

① 在希腊语里，"逻辑"就是通过对属（genus）的层层划分来定义种（species）的方法。

② 这里意思有点含糊，很可能不只一个句子佚失。

自然——在我看来，无论如何——造出我们，给予我们天生的能力是为了更高的目的。我可能是错的，但是我完全相信，塔奎图斯奋力从敌人手上夺过那著名的颈饰（他最初就是因这一行为而得了塔奎图斯的别名）不是为了从中获得身体上的享受；他在任第三任执政官时期发动反对拉丁人的维塞里斯战争（battle of Veseris）也不是为了寻求快乐。事实上，宣判自己儿子死罪，这无疑使自己失去大量的快乐，他为自己的国家和军职牺牲了作为父亲的天伦之乐。

再想想与格奈乌斯·奥克塔维乌斯（Gnaeus Octavius）一同执政的提图·塔奎图斯（Titus Torquatus）。他的儿子虽然过继给了德西乌斯·西勒努斯（Decius Silanus），不再受他父权的控制，但他仍然严以律子——当马赛多尼亚（Macedonia）的一个诉讼团对他儿子提出控诉，指控他儿子在任那个省的行政官期间收受贿赂时，他把他儿子传到面前回答这一指控；听完双方的辩词之后，他宣判儿子有罪，在任期间做了与自己的出身不配的行为，于是将他贬谪流放，不再见面——请你想想他这样做时可曾考虑到自己的快乐？我且不说一切贤者为国家为朋友所遭受的危险、经历的困苦、忍受的痛苦，不仅不是为了寻求快乐，实际上是完全摒弃快乐，宁愿忍受种种痛苦，也不会不尽职守；我们不妨转向看起来并不重要但同样令人信服的一些事。你，塔奎图斯，或者这里的忒莱阿里乌斯，从文学、历史和学识中，从翻阅诗人的诗篇，记忆大量的诗句中获得了什么真正的快乐？不要告诉我说这些追求本身对你来说就是快乐，我向塔奎提（Torquati）提到的事情也是如此。伊壁鸠鲁或梅特罗多鲁（Metrodorus）从来没有采用这样的辩护，只要有理性或者掌握你这学派的理论就不会采取这样的辩护。另外，关于常常提出的问题，即为何有那么多人成为伊壁鸠鲁主义者，原因在于——尽管不是唯一的原因——最吸引大众的事情就是相信伊壁鸠鲁宣称正当行为和道德价值是人的内在本质，其本身就是令人愉悦的，也就是说能产生快乐。这些令人尊敬的人没有意识到，如果真是这样，那就会颠覆伊壁鸠鲁的整个理论。如果我们承认善是自发的、内在固有的快乐，就算不包括身体的感受，美德也会成为因其本身而追求的对象，知识也是如此；而这正是伊壁鸠鲁绝不允许的。

"这些就是我所不能接受的伊壁鸠鲁的理论。"我说，"至于其他，我真希望他本人能够有更多的修养（显然，就是你也肯定看出他缺乏文科七艺①方面的修养；有这方面修养的人才能称为受过教育的人），或者至少不要妨碍别人学习。当然我知道他并没有妨碍你的学习。"

8. 我说出以上这番话，原本只是想要引出塔奎图斯的话，而不是发表我自己的观点。但茁莱阿里乌斯微笑着插了进来："你看，你实际上已经把伊壁鸠鲁完全逐出了哲学家的行列。你除了发现他的意思浅显明了，不论他的文风如何，此外还给他留下什么呢？他的自然哲学理论不是原创的，并且在你看来还是错误连篇的；他试图改善权威的观点，结果只是越改越糟。辩证法他全然没有。他把至善等同于快乐，这一理论首先本身就是一个错误，其次也不是原创的，因为在他之前阿里斯底普斯已经说过，并且比他说得更好。更糟的是，你又补充说伊壁鸠鲁是个没有受过任何教育的人。""但是，茁莱阿里乌斯"，我抗议道，"你若是不同意别人的观点，最重要的就是说出你所反对的那些方面。如果我接受伊壁鸠鲁的理论，谁能阻止我成为一个伊壁鸠鲁主义者呢？何况这体系又是极易掌握的。相互对立学派的成员彼此批判这

---

① 古罗马的文科七艺包括语法、修辞、逻辑三艺和算术、几何、音乐、天文四艺，仅为自由民享有的教育。——中译者注

是很正常的，你不能对此心怀挑剔；当然我也常常发现在哲学的尊严底下存在着侮辱、谩骂，或者恶劣的争吵、固执的争论"。"我非常赞同你的想法"，塔奎图斯说，"争论是不可能不有所批判的，但带着坏脾气或固执也同样不可能真正地争论。不过，我对此还有一点自己的看法，如果你不觉得厌烦的话，我就来说说"。我说："你以为我发表这一通话不是为了想听你的看法？""那么，你是希望我扼要概述伊壁鸠鲁的整个理论体系，还是专门讨论快乐这个主要话题？""嗯，"我说，"那得由你自己决定"。"很好。"他说，"这正是我要做的，我就阐述一个主题，就是这个最重要的话题。我们先把自然哲学放在一边；但我会向你证明你所说的原子的弯曲、太阳的大小，以及德谟克利特的许多错误，都是伊壁鸠鲁批判并纠正的；并不是说我要提供什么全新的东西，但我相信我所说的必会得到你的认可"。我说，"我肯定不会固执己见，只要你的证明能使我满意，我必高兴地接受、信服"。他说，"我会这样做的，只要你如你所保证的那样没有偏见。但是，我希望连续阐述，而不是边问边答"。"你请便。"我说。于是他就开讲。

9. 他说："那我就按这体系的主人所赞同的方式开始，确立我们所讨论的对象的本质和性质；这不是说我认为你对这个对象一无所知，而是因为这是讨论问题的逻辑程序。我们所探讨的问题是，什么是最后、终极的善，所有的哲学家都认为它必须具有这样一种本性，即它是所有其他事物的目的，其他事物则是它的手段，同时它自己不是其他事物的手段。伊壁鸠鲁认为这就是快乐。于是他就把快乐视为至善（Chief Good），把痛苦视为至恶（Chief Evil）。他的证明如下：每个生命物，一旦出生，就寻求快乐，并把快乐中的喜悦当作至善，同时把痛苦作为至恶，尽可能避而远之。只要生命物保持正常状态，就在大自然公正而可靠的裁决激励下趋乐避苦。因此伊壁鸠鲁拒不承认有必要通过论证或讨论来证明快乐是人所欲求的，痛苦是人所恶的。他认为这些事实是感觉所感知的，就像火是热的，雪是白的，蜜是甜的，根本不需要严密的推论来证明，只要注意到它们就足够了。（因为他认为对某物进行形式上的三段论证明与单纯的注意或回忆是有区别的，前者是寻求抽象而深奥之真理的方法，后者则是指明显而易见、无须证明之事物的方法）除去人的感觉，人就所剩无几；由此可知，大自然本身就是判断什么是符合自然，什么是违背自然的法官。自然所感知或者所判断以引导她的欲求和躲避行为的，除了快乐和痛苦，还有什么？然而，我们学派中有些人也可以使这一理论变得更为高雅；他们说，仅靠感官来判断善恶是不够的，快乐本身是人所欲求的，痛苦本身是人所恨恶的，这些事实也可以通过理智和理性来认识。由此他们声称，关于趋乐避苦的认知是天生就根植于我们心里的一个概念。还有一些人——包括我自己——注意到有许多哲学家确实提出了大量的理由证明快乐为何不能算作一种善，痛苦也不能算作一种恶，所以认为我们最好不要过分自信；在他们看来，对快乐和痛苦的本质问题需要详尽而合理的论证，要有抽象的理论讨论。

10. "不过，我得向你解释一下这种贬损快乐颂扬痛苦的错误观念是如何产生的。为此，我要详尽解释伊壁鸠鲁的这个体系，阐明这位伟大的真理追寻者，创建人类幸福的导师的真实教义。人们拒斥、厌恶、躲避快乐，并不是因为它是快乐本身，而是因为那些不知道怎样合理追求快乐的人遭遇的是极其痛苦的结果。人们热爱、追求或者渴望获得痛苦，也不是因为痛苦本身，而是因为有时环境决定人在艰辛和痛苦中才能获得某种巨大的快乐。举个小小的例子，我们从事艰苦的身体锻炼，不就是为了从中得到某种益处吗？但人若是选择享受一种不会带来任何烦恼的快乐，或者避开一种不会产生任何快乐的痛苦，谁有权利指责他呢？另外，人若是被短暂的快乐蒙蔽，丧失道德，被欲望淹没，失去判断力，无法预见随之而来的痛苦和烦恼，我们就可以义正词严地指责他们，厌恶他们；同样，那些由于意志薄弱而没有恪尽职守的人，也就如同看到艰险和痛苦就退避三舍的人，我们同样谴责他们。这些例子都非常简单，很容易辨别。在我们自由的时候，如果我们的选择能力没有限制，如果没有任何东西阻止我们做最喜欢的事，那么我们必会欢迎每一种快乐，躲避每一种痛苦。但是在某些紧急的情况下，由于职责要求或者事务规定，常常会出现这种情况，即不得不拒斥快乐，接受烦恼。因而明智的人总是在这些事上坚持这样的选择原理：为保证更大的快乐而拒斥某些快乐，或者为避免更大的痛苦而忍受某些痛苦。

"这就是我所主张的理论，我何须担心它可能与我的祖先塔奎提的情形不一致呢？你刚刚提到他们，从历史上看，你的说法是正确的，也表明你对我本人的好意和友谊，但是我仍然不会因为你对我家庭的赞美而心软，你会发现我绝对是个意志坚定的对手。请告诉我，你怎么解释他们的行为？你真的相信他们进攻全副武装的敌人，或者如此残忍地对待自己的骨肉，全然不是为自己的利益或好处着想的？须知，就是野兽也不会那样做，它们不会毫无目的地横冲直撞，我们总能在它们的活动和攻击中看出某种目的。那么你能设想那些英雄人物做出那些辉煌事迹是全然没有目的的吗？他们的目的是什么，我会在后面讨论。现在我要自信地指出，如果他们做那些荣耀的冒险行为有一定目的，那目的不可能是出于对美德本身的热爱。——他奋力夺过仇敌手上的锁链。——没错，他这样做使自己脱离了死神。——他敢冒巨大的危险。——是的，有整支军队作后盾。——他从中得到了什么？——荣耀和尊敬，这是生命安全最强大的担保。——他判决自己的儿子

15

死刑。——如果他这样做没有任何目的，那我真为自己是这种野蛮、毫无人性的人的后代而感到难过；但如果他的目的是通过这种痛苦确立他作为一个指挥官的权威，使他的军队畏惧惩罚，在一场严峻的战争中严肃军纪，那么他的行为旨在保证同胞的安全，因为他知道自己的安全也维系于此。这就是广泛应用的一个原理。你们学派的人，尤其是你自己，勤于从历史中求索，于是就找了一个最喜欢的领域来展现你们的口才，回忆古代著名的勇士故事，赞美他们的行为，却不是基于实用的目的，而是基于绝对道德价值之光辉。但是只要确立我刚才提到的这个选择原理，所有这些行为都可以得到合理解释，这原理就是为获得更大的快乐而放弃快乐，为了避免更大的痛苦而忍受痛苦。

11. "关于英雄和名人的冒险行为和丰功伟绩就谈到这里。所有的美德都要产生快乐这个话题将在后面适当的时候讨论，现在我要阐述快乐本身的本质和属性，并力图去除由于不了解而产生的误解，让你知道我们这个学派被误传为讲究感官享受、纪律松弛、生活奢侈，事实上有多严肃、多自制，甚至过着苦行僧的生活。我们所追求的快乐绝不是直接使我们的身体产生愉悦感的那种快乐——一种积极的、怡人的感官快乐——相反，在我们看来，最大的快乐乃是完全脱离痛苦之后所体验到的快乐。当我们摆脱了痛苦，单是那种完全解放、摆脱不安的感觉就是满足的源泉。凡是产生满足感的事物都是快乐（正如凡是产生烦恼的事物都是痛苦一样）。因而把完全摆脱痛苦界定为快乐是恰当的。比如，饮食解除了饥渴，正是摆脱了不适这一事实本身产生了快乐。所以一般而言，去除痛苦，就代之以快乐。于是伊壁鸠鲁认为在快乐与痛苦之间没有既非快乐也非痛苦的情感状态；有些思想家所认为的中立状态，从其特点来看，事实上是完全没有痛苦，这在伊壁鸠鲁看来就是一种快乐，而且是最高的快乐。人只要意识到自己的状态就必然感受到快乐或痛苦。完全没有痛苦的状态在伊壁鸠鲁看来是快乐的极限和制高点，在这一点之外，快乐可能会有许多种，但在这一点上没有程度或深度上的区别。不过，每当我父亲想要炫耀他针对斯多亚学派所展示的机智时常常对我讲起，在雅典的塞拉米库斯（Ceramicus）确实有克律西坡的一个雕像，他伸出一只手，这姿势意在表示他以前常从以下这个小小三段论中获得快乐：'你的手这样伸出去是想得到什么吗？'回答说：'不，什么也不想得到。'——'但如果快乐是一种善，你的手就应当想要快乐。'——'是的，我想它会想要的。'——'因而快乐并非一种善。'这样的论证，如我父亲所说的，就是雕像——如果它会说话——也不会使用；因为这虽然足以驳斥昔兰尼加学派，却对伊壁鸠鲁毫无影响。倘若快乐就是所谓的满足感官的快乐，一种愉悦之感的渗透，那么无论是手还是其他器官都不会因为摆脱了痛苦但没有伴随适合的、积极的感官之乐而心满意足。相反，如伊壁鸠鲁所指出的，如果最高的快乐就是没有痛苦之感，克律西坡的对话者虽然证明他的第一个前提是对的，即他的手伸出来并无所需，但是并不表明他的第二个命题是合理的，即如果快乐是一种善，他的手就应当需要它。至于它为何不想要快乐，原因在于没有痛苦就是一种快乐状态。

12. "快乐是至善这个观点的正确性可以从以下的例子非常明显地体现出来。我们不妨设想一个人生活在数不胜数的巨大快乐之中，享受身体和心灵的愉悦，既没有现时的痛苦困扰，也没有预见的痛苦困扰，我们还能描绘比这更美好更适宜的存在状态吗？处于这种状态的人首先必然拥有一种心灵力量，能够抵御对死亡或者痛苦的一切恐惧；他必须知道死不过就是完全的无意识，知道痛苦若是长期的，一般就是轻的，若是强烈的，一般就是短暂的，所以强烈的痛苦持续时间很短，持续时间长的痛苦其痛苦程度就会减少，两者是相互平衡的。而且这样的人对任何超自然的力量也毫无畏惧，从不担心快乐会过去、消退，而总是能在回忆中不断重温那些快乐，总之他的命运必是不需要任何改善的命运。再设想一下相反的情形，一个人被心灵和身体上的巨大痛苦压得喘不过气来，没有最终获得解脱的指望，也不给他任何现时的或将来的快乐。我们能描述或想象比这更可怜的状态吗？如果充满痛苦的生活是人最想躲避的事情，那么可以说，生活在痛苦之中就是至恶；这一观点暗示快乐的生活就是至善。事实上，心灵本身并不拥有它可以最终依靠的东西。每一种恐惧，每一种哀伤，都可以追溯到痛苦之源（即身体上的痛苦）；除了痛苦没有别的东西本性上就是要引起焦虑或不适的。

"快乐和痛苦还包含人为何欲求、为何躲避的动机，是一般行为的源泉。既然如此，就可以清楚地知道，某种行为之所以正当、值得赞美，只是因为它是获得快乐生活的一种手段。至于那本身不是别的事物的手段，却以别的事物为手段的东西，就是希腊文所说的'Telos'，即最高的、终极的或最后的善。因而，我们必须承认至善就是快乐地生活。

13. "那些认为至善只在于美德的人被这个迷人的名称所蒙蔽，不明白自然的真正需要是什么。如果他们愿意听从伊壁鸠鲁，就能摆脱最大的错误。你的学派不厌其烦地叙述美德的超越之美，但是它们若不能产生快乐，谁会相信它们是可赞美的，或者值得欲求的？我们尊敬医术不是因为它作为一门科学有益处，而是因为它对身体健康有利；航海术备受称赞是因为它的实际用处，而不是它的科学价值，因为它提供了成功航行的规则。智慧也是这样，必须把它看作生活的技艺，如果它对生活没有作用，就不会成为人所渴望的东西；事实上人人都渴望得到智慧，因为它就是追求并产生快乐的工匠。（这次你必清楚我所阐述的快乐的意思，必不会因为那些难以置信的胡乱联系而有偏见，不同意我的观点）困扰人的生活的最大因素是对善恶的无知；关于善的错误观念常常使我们失去最大的快乐，使我们受最残酷的心灵之苦的煎熬。因此我们需要智慧的帮助，消除我们的畏惧和肉欲，剔除我们的谬误和偏见，作我们永远正确的向导，引导我们获得快乐。唯有智慧才能消除我们心里的忧伤，保护我们不受惊恐和忧愁的困扰；所以你要训练自己的智慧，这样才可能过平静的生活，平息膨胀的欲望之火。因为欲望是不可能满足的，它们不仅毁灭个人，还破坏家庭，甚至常常动摇国家的根本。正是它们产生出仇恨、争吵、分歧，导致叛乱和战争。它们不仅自我标榜，或者完全盲目地攻击他人，就是当它们还囚禁在心里的时候也相互争吵、分裂；而这只能使整个生活变得痛苦不堪。因此唯有智者，剔除一切芜生蔓长的虚枉和谬误的人，才可能免受忧愁和恐惧的困扰，在自然所设定的范围内怡然自得。伊壁鸠鲁对欲望作了区分，没有比他的这一理论更有用、更有益于人的福祉了。第一类欲望既是自然的，也是必需的；第二类是自然的，但不是必需的，第三类则既不是自然的，也不是必需的。分类的原理是这样的：必需的欲望不需要什么力气或代价就可以满足；符合本性的欲望需要一定努力，但也很容易满足，因为自然本身的财富非常丰富，很容易获得，但在数量上也是有限的；至于想象出来的欲望则是无边无界、无穷无尽的。

14. "既然我们看到无知和谬误导致整个生活混乱一团，唯有智慧才能使我们免受欲望的攻击、恐惧的威胁，教导我们坦然忍受命运的侮辱，指示我们通向宁静、和平的道路，那么我们为何还犹豫不决，不敢宣称智慧就是我们所欲求的，因为它带给我们快乐，愚蠢就是我们所躲避的，因为它带给我们有害的结果？

"同样的原理也必使我们宣告自制是我们所欲求的，但不是因为它本身的缘故，而是因为它使思想宁静，使心灵保持和谐安宁。正是自制告诫我们要让理性来决定我们应当欲求什么，应当躲避什么。仅是判断应当做什么或不做什么是不够的，我们还必须按着我们的判断行动。大多数人意志薄弱，缺乏坚定的目的，一看到快乐的美丽形式，就放弃自己，屈从于情欲，再也预见不到不可避免的结果。因而，他们为了追求某种微不足道并且也非必不可少的快乐，某种完全可以通过其他手段获得、完全可以不给自己带来痛苦的快乐，结果却招致更严重的疾病，或者财产的损失，或者耻辱，并且往往很容易受到法律的制裁、法庭的审判。相反，那些决心享受自己的快乐并避免一切由此产生的痛苦的人，那些保留自己的判断能力，避免被快乐引诱到他们认为错误的岔道上的人，虽然放弃了某些快乐，却能收获最大的快乐。同样，他们也常常自愿承担痛苦，以免招致更大的痛苦。这清楚地表明我们要避免放纵不是因为放纵本身的缘故，我们应追求自制也不是因为它放弃快乐，而是因为它追求更大的快乐。

15. "同样的解释也适用于勇敢。从事劳作、经受痛苦，其本身并没有吸引人之处，忍耐、勤劳、警觉这些美德本身也如此，就是备受赞美的坚忍不拔，甚至勇敢本身也不能吸引人；我们致力于这些美德乃是为了生活中没有忧虑、没有恐惧，尽可能免受身体和心灵的痛苦。对死亡的恐惧是对生活的安宁甚至常规的巨大破坏，向痛苦低头，卑躬屈膝地忍受它，这是多么可怜的事；这样的软弱使许多人背叛自己的父母或朋友，有些还背叛自己的祖国，更有许多人完全自我毁灭。相反，坚强而高贵的灵魂是完全不受焦虑和忧愁困扰的，在它看来，死是很轻松的事，人死了不过回到生之前的状态而已。如何面对痛苦要经过训练，巨大的痛苦最终导致死亡，小的痛苦时时可以得到缓解，而那些处于中间的痛苦由我们自己来控制，如果能承受，就忍受它们，如果不能，我们就可以平静地退出生命的剧院，因为这出戏已经不再使我们感到快乐。这些想法表明胆怯、软弱被指责，勇敢、忍耐受赞美，不是因为它们本身，拒斥前者是因为它们产生痛苦，欲求后者是因为它们产生快乐。

16. "从整个美德序列来看，我们尚未提到的唯有公正，其实这与其他几种美德是一样的。智慧、自制和勇敢，我已经表明它们与快乐紧密相连，我们不可能把它们与快乐分隔开来。公正必也同样如此。公正不会伤害任何人，相反总是给人某种益处，这一方面是因为它本质上具有使心灵变得平静的作用，另一方面则因为它使人盼望、给人保证能提供纯洁的本性真正需要的事物。正如轻率、放纵、胆怯使心灵备受折磨，引发烦恼和纷争，同样，不公正一旦扎根在心里，仅凭它的出现就会引起不安；如果它找到某种恶行表现自己，无论怎样秘密的行为，都不能保证永远不被识破。罪的通常顺序是：先是怀疑，再是谈论、谣传，然后出现指控者，最后出现审判者；许多行恶者甚至不打自招，如在你执政时期所发生的。即使有人自以为篱笆围得很好，足以挡住同胞的侦察，也仍然害怕天上的眼睛，幻想日日夜夜啃噬他们心灵的阵阵焦虑是上天派来惩罚他们的。邪恶怎么可能有助于减轻生活的烦恼？相反，它的作用只能是增加烦恼，因为犯罪之感、法律的惩罚以及同胞的恨恶都增加生活的负荷。然而，仍然有些人毫无自制地放纵贪欲、野心、对权力的迷恋、淫欲、暴食以及其他欲望，这些不正当的欲望永远不会减少，欲火只会越燃越旺。所有这些都表明我们真正的主题是克制，而不是改善。因而，品行端正的人听到真正理性的声音在召唤，要公正，要平等，要诚实。对一个没有口才或者缺乏智谋的人，欺骗不是好的策略，因为这样的人很难实现自己的抱负，即使实现了，也很难使它向善。另外，对足智多谋、聪明能干的人来说，仁慈的行为似乎更值得坚守，慷慨使他们心怀慈爱和善意，这是平安生活最有力的保证；更重要的是因为真的没有任何冒犯的意图。出自自然的欲望很容易得到满足，不会对人有任何伤害，而那些幻想出来的欲望应当克制，因为它们所追求的东西并不是真正需要的东西；不公正必然给人带来损失，这损失大过人从它所获得的利益。因此不能说公正令人向往是在于它自身，因为它自身；我们之所以追求公正乃是因为它能产生高度的满足。尊敬和情感令人满意是因为它们使生活更安全、更快乐。因此我们认为，不公正必须避免不只是因为不公正行为所带来的坏处，而且因为它一旦占据人的心灵，就会使他再也无法自由呼吸，再也得不到片刻安宁。

"这样说来，所有其他哲学家都爱洋洋洒洒阐述的美德之荣光，归根结底也唯有建立在快乐的基础上才有意义，而快乐是唯一具有本质固有的吸引力和魅力的东西，所以毫无疑问，快乐就是至高的最终的善，幸福的生活就是快乐的生活。

17."因而这一建立在坚实基础上的理论可以自然地得出以下结论，我简述如下：（1）善恶的目的，也就是快乐和痛苦本身无可指责，人们之所以犯错误是因为不知道什么事物产生快乐，什么事物产生痛苦。（2）我们认为心理的快乐和痛苦源于身体的快乐和痛苦（因而我同意你的观点，凡不这样认为的伊壁鸠鲁主义者都不必重视；我注意到有许多伊壁鸠鲁主义者都不这样认为，但那些说话有权威的人都这样认为）；人们在心理上有怡人的快乐经历，也有恼人的痛苦经历，我们认为这两者都是出自并基于身体的感受。（3）我们还主张这并不妨碍心理上的快乐和痛苦比身体上的快乐和痛苦深刻得多；因为身体只能感受当下向它显现出来的东西，而心灵还能认知过去和将来的事物。身体的痛苦当然同样令人痛苦，但若是相信今后某种巨大的恶将降临到我们身上，并且要长期忍受，那就会大大增加我们的痛苦感。快乐也同样如此，快乐若不伴随对恶的忧虑，就是更大的快乐。因而我们清楚地看到，心理上的苦乐比同样程度的身体上的苦乐更能影响我们的幸福。（4）但我们不认为快乐的消失必然引发不适，除非快乐正好被痛苦所取代；另一方面，一种痛苦消除之后，即使没有某种具体的快乐随之而来，人也会感到非常高兴，这就表明没有痛苦就是最大的快乐。（5）正如我们因分有美好之物而欣喜，同样我们也因回忆它们而快乐。愚拙之人因回忆先前的恶行而备受折磨；智慧之人则因满怀感激地回忆过去的恩福而获得更多的快乐。我们有能力把我们的不幸永久地抹去，也有能力积攒关于我们的成就的快乐记忆。当我们把心灵的视线紧紧凝聚在过去的事件上时，它们若是恶的，就必然产生忧愁；若是善的，就必然产生快乐。①

18.“这实在是一条通向幸福的高贵之路——公开的、简单的、直接的！显然，人所能拥有的至善莫过于当身心享有最大快乐的同时，能完全摆脱随之而来的痛苦与忧愁。请注意，这一理论包含每一种可能提高生活质量的途径，每一种有助于获得我们所讨论的至善的方式。伊壁鸠鲁，你们斥责为骄奢淫逸的人，就是他大声疾呼：人若不是过着智慧、高贵、公正的生活，就不可能快乐；人若没有获得真正的快乐，就不可能是智慧、高贵和公正的。城邦被派系割据不可能繁荣，房子被纷争四起的主人们占据不可能牢固，更不要说自我分裂、充满内在困扰的心灵，怎么

---

① 这一节显然概括了伊壁鸠鲁对昔兰尼学派批评的回应，只是手稿似乎不太清楚。昔兰尼学派的批评如下：（1）有时由于心理变态拒斥快乐；（2）所有的快乐都不是身体上的；（3）身体的快乐比心理的快乐强烈；（4）没有痛苦并不就是快乐；（5）关于快乐的记忆和对快乐的预期不是真正的快乐。

可能品尝纯粹而自由的快乐；总是被相互冲突、彼此不一的意见和欲望支配的人不可能知道安宁和平静是什么。若说生活的快乐因身体的严重疾病而减少，何况心灵的疾病呢，岂不更要减损生活的快乐！然而奢侈而幻想的欲望，对财富、名誉、权力以及淫乐的欲望，只能是心理的疾病。如果人没有认识到心灵需要的是不再感受痛苦，不再接受身体的痛苦，无论是当下的，还是将来的，那也会有忧愁、烦恼和悲哀啃噬心灵，有焦虑耗损它的精力。然而，愚蠢的人总是要受到这些疾病中的某一种折磨，所以，没有哪个愚蠢之人是快乐的。此外还有死亡，塔泰卢斯（Tantalus）的石头悬在人的头上；有迷信，毒害、毁损心灵的全部安宁。而且，他们不可能回忆过去的幸福，也不可能享受当下的幸福；他们只能期待将来的幸福，但这是完全不能确定的，所以他们感到痛苦和恐惧。当他们最后看到所有关于财富、地位、权力、名誉的梦想都化为乌有的时候，就为时已晚，追悔莫及，这就是他们最大的痛苦。他们从来没有获得任何快乐，正是对快乐的盼望激发他们经历种种艰辛和劳苦。再看看其他人，心胸狭隘、斤斤计较的人，或者死抱悲观主义的人，或者心怀嫉恨、脾气恶劣的人，孤僻、粗鲁、野蛮的人，还有那些沉迷于愚蠢的爱、草率或不慎、放荡、固执又犹豫不决、经常改变主意的人，他们的这些缺点使他们的生活永远充塞着苦难。结论就是，愚蠢的人不可能幸福，智慧的人不可能不幸福。这是我们所确立的一个真理，比斯多亚学派（Stoicism）的要令人信服得多。因为他们认为除了那种他们称之为道德价值（Moral Worth）—— 一个听起来好听但没有实质意义的名称——的模糊幻影之外，没有任何东西是善的；又说基于这种道德价值的美德不需要快乐，她自身就是她满盈的快乐。

19. "同时，斯多亚的这一理论可以以另一种形式，一种我们并不反对，甚至我们自己也认可的方式表述。伊壁鸠鲁所描述的智慧之人是永远快乐的，他的欲望控制在限度之内；他对死亡不屑一顾；他有真正的神性观，不沾染一点恐惧；他毫不犹豫地离弃生活，如果那样更有利于他的状况的话。这样的人享有永恒的快乐，因为他所经历的每种快乐都大大超过痛苦。他心满意足地回忆过去，及时把握现在，充分实现当下的快乐而不指望将来；他也期待将来，但发现真正的快乐在于现在。他也完全不沾染我刚刚列举的那些邪恶，拿他自己的存在与愚蠢者的生活相比，从中获得的快乐不可谓不大。而且，智慧者可能遭遇的痛苦也永远不会苦不堪言，他总是有更多的理由高兴，而不是悲哀。再者，伊壁鸠鲁说：'智慧人几乎不受运气干扰，生活中的大事，举足轻重的事，全在他自己的智慧和理性的掌控之下'；'从无限的生命中所能获得的最大的快乐莫过于从这个我们知道是有限的现存生命中实际获得的快乐。'真是至理名言。你们学派如此强调的逻辑，在他看来无论是作为行为的指南还是作为思想的协助都没有任何效果。他相信自然哲学是最重要的。首先，这门学科向我们解释了术语的含义、指称的本质、同一和矛盾的法则；其次，关于自然事实的全面了解使我们摆脱迷信的枷锁，摆脱死亡的恐惧，保护我们不受无知的困扰，因为无知本身往往就是引发可怕忧虑的原因；最后，知道自然的真正要求是什么还能提升道德品质。另外，只要牢固掌握一种井然有序的科学体系，遵守可以说从天上落下来叫所有人都能知道的法则或规范——只要把那种规范作为我们一切判断的标准，我们就可以指望永远坚守自己的信心，不会因任何人的滔滔雄辩而有所动摇。而没有完全领会自然世界，就不可能坚持关于我们的感觉的真理。再说，每一种心理图像都源于感觉，所以除非所有的感觉都是真的，如伊壁鸠鲁的理论所教导我们的那样，否则不可能有任何确定的知识。那些否认感觉的有效性，认为感觉无法感知任何东西的人，就是把感觉的证明排除在外，这样的人甚至无法阐明他们自己的观点。此外，他们取消知识和科学，也就把理性生活和行为的一切可能也取消了。因而，自然哲学提供面对死亡之恐惧的勇气；提供抵制宗教恐怖的意志；提供心灵的安宁，因为它消除了对自然奥秘的无知；提供自制，因为它解释了欲望的本性，区分了欲望的不同类型。另外，如我刚刚表明的，伊壁鸠鲁还确立了知识的规范和标准，提供辨别真假的方式。

20. "还有一个与此讨论有关的非凡题目，就是友谊。你的学派认为如果快乐是最大的善，友谊就不可能存在。然而伊壁鸠鲁宣称，要达到智慧所源生的幸福，没有哪种手段比友谊更伟大、更富有成果、更令人喜乐。他不但以自己的雄辩阐述这样的理论，而且通过自己的生活和行为的典范来表明这样的理论。这样的友谊究竟是多伟大的事，古代的神话故事说得非常清楚。回顾远古时代的神话传说——这样的传说多如繁星、数不胜数——你就能看到其中有三对朋友，最先是忒修斯（Theseus），[①] 最后是俄瑞斯忒斯（Orestes）。[②] 伊壁鸠鲁就在一个孤单而狭小的房子里提出朋友的联合，由最亲密的同情和爱心来联合；这种联合至今仍在伊壁鸠鲁学派里发扬光大。回到我们的主题，无须再举个人的事例。我注意到伊壁鸠鲁在三方面讨论友谊这个话题。（1）有些人认为我们对爱朋友这种快乐本身的追求程度不如我们对自己的快乐的渴求。有些批评家认为这种理论毁坏了友谊的根基，然而，支持它的人提出证明为自己的观点辩护。在我看来，我们可以轻而易举地利用他们的证据。他们指出，友谊不可

---

① 与勒比忒依国王皮瑞塞斯（Pirithous, the King of the Lapithae）的友谊。——中译者注

② 见第 63 页注释。——中译者注

能与快乐分离，就像美德不能与快乐分离（这一点我们已经讨论）一样。孤单、没有朋友的生活肯定面临潜在的危险和警示。因此理性本身就要求有朋友；拥有朋友就拥有信心，就能够坚定地盼望快乐。正如仇恨、嫉妒、鄙视是快乐的绊脚石，同样，友谊是保证我们的朋友以及我们自己获得快乐的最可靠的保护者和创造者。它使我们享受现在，它激发我们对不久的将来以及久远的将来心怀盼望。因而没有友谊就不可能保证生活中有永久的满足，我们若不爱我们的朋友如同爱我们自己，就不可能维护友谊本身。我们为朋友的喜乐而喜乐，如同我们自己的喜乐一样，为朋友的悲愁而悲愁，如同自己的悲愁一样，与朋友同甘共苦。因而，智慧者对待朋友如同对待自己一样，也就是待人如己，为朋友的快乐尽心尽力，如同为自己的快乐一样。上面曾说的美德与快乐的联系也必然适用于友谊。伊壁鸠鲁说得好（我几乎是一字不差地复述他的话）：'那给我们勇气去克服对永久或要长期忍受的邪恶之惧怕的信条，也明确指出友谊是我们在此生中最坚固的堡垒。'（2）其他伊壁鸠鲁主义者虽然绝不缺乏洞见，但在驳斥学术辱骂和批评上勇气不够。他们担心如果我们坚持追求友谊只是因为它能为我们带来快乐，就会被人认为我们完全损坏了友谊。因而他们说，形成朋友之间的依恋的最初动机、意向是因渴望快乐而激发的，但当交往发展到深处时，彼此的关系就变成一种非常强烈的情感，完全能够使我们为友谊本身而爱朋友，不管他们的友谊是否能产生实际的益处。难道这种亲密关系没有使我们喜欢各种聚所、庙宇、城邦、健身房、运动场、膘马猎犬、斗士表演？在我们与自己同胞的交往中出现这样的情形岂不是更自然、更合理？（3）智慧的人定了某种协议，要爱朋友如爱自己。我们可以理解这是完全可能的，事实上我们还常常看到这样的事情。显然，这样一种联合是获得幸福的最佳途径，没有比它更有效的方法了。

"所有这些思考都意在证明，把至善等同于快乐不仅没有使友谊论受困，而且没有这一前提，友谊就不可能找到任何根基。

21. "这样看来，如果我所阐述的理论比日光还要清晰明亮；如果它完全出自大自然的源泉；如果我的整个讨论从头至尾都基于毫无偏见、无可怀疑的感觉证明；如果说话不清的婴孩，甚至不会说话的动物都在大自然的教导下找到适当的声音宣告，没有福祉，只有快乐，没有艰苦，只有痛苦——它们在这些事上的论断虽然不缜密，却是毫无偏见的——那么我们难道不应当对表达了大自然的这种声音的人表示最大的感激吗？他如此坚定又如此完全地领会了大自然的内涵，引导一切心灵健全的人踏上和平、幸福、宁静、安逸的道路。你可以认为他缺乏教养。原因在于他拒不承认那些不能帮助我们追求幸福的教养是名副其实的教养。他会不会把时间花在追逐诗人上？——你鼓励忒莱阿里乌斯和我这样做——他认为这些人没有给我们提供任何可靠有用的东西，只有幼稚的娱乐。他有没有像柏拉图那样钻研音乐、几何、算术、天文这些从错误的前提出发因而不可能推出正确的结论，而且就算是正确的也不可能使我们的生活变得更快乐因而更幸福的东西？请问，他会不会去研究这些技艺，却忽视最主要的技艺，如此困难因而也如此富有成果的生活的技艺？没有！伊壁鸠鲁不是缺乏教养的人，真正没有教养的人是那些要求我们终身学习某些课程——我们若不是从小就学这些课程，就该感到羞愧——的人。"最后他又补充说："我已经解释了我自己的观点，但完全意在知道你的裁断。迄今为止我还不曾有很好的机会听到你的裁断。"

第二卷

1. 讲到这里，他们两人都看着我，表示很想听听我的观点。于是我就开始讲了。"首先，我恳请你们不可以为我要给你们讲一堂正式的课，就像职业哲学家那样。即使是哲学家，我也向来不太赞成那样讲话。苏格拉底虽然被称为哲学之父，却从来没有那样做过。那是与他同时代的那些所谓智者的方式。正是其中一位智者，名叫林地尼的高尔吉亚（Gorgias of Leontini），在一次聚会上第一次大胆地'邀请提问'，即，请某人就他希望讨论的题目陈述看法。这实在是一种放肆的行为，我可以称之为傲慢鲁莽的行为，幸好这种做法后来并没有传到我们自己的学派中。我们从柏拉图的记载中看到，苏格拉底如何取笑前面所说的这位高尔吉亚，还有其他智者。苏格拉底自己的方式是向他的对话者提问，并在不断的诘问中引出他们的观点，然后通过反驳他们的回答阐明他自己的观点。这种方法被他的继承者抛弃，但后来又得到了阿尔凯西劳（Arcesilas）的复兴；阿尔凯西劳定下一条规则，凡想要听他讲话的人都不可向他提问，但必须陈述他们自己的观点；当他们陈述完了，他就提出证据驳斥他们。然而阿尔凯西劳的学生总是尽其所能捍卫自己的立场，提出问题的学生与其他哲学家都保持沉默。事实上，这就是今天的做法，甚至在学院里也是如此。举个例子，即将成为学习者的人说，'在我看来，至善就是快乐'，然后就相反的观点展开正式讨论。所以我们不难知道，那些说自己持有某种观点的人事实上并不是真的持有他们所说的观点，他们这样说只是想听对这种观点的反驳。我们要采取一种比较有益的方式，因为塔奎图斯不仅告诉了我们他自己的观点，还讲述了他持这种观点的理由。就我来说，虽然我很喜欢他这种洋洋洒洒的论述，但我还是认为要条分缕析，搞清楚每个人愿意接受什么，反对什么，然后如我们所希望的那样，从这些大家都承认的前提引出论断，从而得出我们的结论，这样会更好一些。当阐述滔滔不绝、一泻千里的时候，就像山洪高涨，喷泻而下，夹杂着大量混乱的物质，但是你不可能从洪水中抓住什么或者救出什么，你绝不可能遏制雄辩的洪流。

"然而，在哲学探讨中，有条不紊的系统讨论必须首先设立一个明确的前提，就像某些法律程序那样，'问题如下'，这样争论双方可以在什么是他们要争论的问题这一点上达成共识。

2. "这是柏拉图在《斐德若篇》中所制定的规则，① 伊壁鸠鲁极为赞同，认为任何形式的讨论都应当遵循这样的规则。但是他没有看到这样做需要什么。他说他不赞成对所论的事物给予界定。然而没有定义，争论者有时就不可能就所讨论的题目达成共识。比如，就我们正在讨论的这个问题来说，我们想方设法想要找到善的目的，但是，若不就我们所说的'善的目的'的含义，就'善'以及'目的'本身的含义交换看法，我们怎么可能知道'善的目的'的本质是什么呢？而这种揭示潜在的含义，显明

---

① 《斐德若篇》237B。

某种具体事物的本质，就是下定义的过程。其实你本人也在时时不自觉地用着这种方法，因为你不断地指出目的或者终极目的这个概念就是指'以所有正当行为为手段而它自身不是任何其他事物的手段的东西'。至此为止，一切都很好。如果需要，你也完全可能界定善本身，说它就是'自然所欲求的'，'与人有益的'，'令人喜悦的'，或者就是'我们所喜欢的'。如果你不介意——因为你并非完全不赞成下定义，事实上一旦与你的目的吻合，你就使用它——如果你现在给快乐下个定义，我会非常高兴，因为这是我们目前讨论的核心主题。"天哪，"塔奎图斯叫了起来，"谁不知道快乐是什么？谁还需要定义来帮助他理解快乐？""我得说我自己就是这样的人，"我回答，"事实上，我确实不认为自己完全明白快乐的本质，对它有明确而清晰的概念和理解。说实话，我敢说伊壁鸠鲁本人也不知道快乐是什么，没有确定的知识。他总是唠叨必须仔细筛出隐藏在我们所使用术语后面的含义，但他常常不明白'快乐'这个术语的内在含义是什么，我的意思是说，与这个术语相对应的概念是什么。"

3. 塔奎图斯笑了。"你看，"他说，"创立快乐是万物所渴求的目的、是终极之善这一理论的人自己却不知道快乐本身究竟是什么，这岂不是天大的笑话！"我回答说："要么伊壁鸠鲁不知道快乐是什么，要么全世界所有其他人不知道快乐是什么。""如何讲呢？"他问。"因为普遍的观点认为快乐是感觉，它积极激发敏锐的意识，使它浸淫某种怡人的感受。""那又怎样呢？"他回答说，"难道伊壁鸠鲁不知道你所说的快乐吗？""并非总是知道，"我说，"我得说，他常常把它看得太完满了，因为他庄严地宣称，除了饮食之乐、耳目之悦，以及更粗俗的满足形式外，他甚至不明白善还能是什么，还能从哪里找到善。我是否误解了他的话？""好像我该对那一切感到羞耻，"他叫喊道，"或者我没有把它的原意解释清楚似的！"我说："噢，我一点也不怀疑你能轻松地把它说清楚。你也完全不必因分有一个智慧者——就我所知道的，唯有他敢于自封为那样的人——的观点而感到羞耻。我不认为梅特罗多鲁会自诩为智慧者，当然，当伊壁鸠鲁给予他这样的美誉时，他也没有拒绝；著名的'古代七贤'（Seven of Old）也不是他们自封的，而是由全人类普选产生，是大家公认的。现在我仍然认为，伊壁鸠鲁在阐述快乐时对它的理解肯定与其他人一样。每一个人在使用希腊词'hedone'和拉丁词'voluptas'时，指的都是一种怡人的、令人兴奋的感官刺激。""那么，"他问，"你还想要什么呢？""我会告诉你的，"我说，"当然是为了获得真理，而不是想要批判你或伊壁鸠鲁。""我也是，"他回答说，"更多的是想要知道你能补充什么新的见解，而不是要批判你的观点。"我说："你可记得罗得的希洛尼姆斯（Hieronymus of Rhodes）所说的至善，也就是他所认为的其他一切事物所依据的标准是什么？""我记得，"他说，"他认为最大的目的就是脱离痛苦。""噢，"我说，"那么该哲学家的快乐观又是什么呢？""他认为快乐本身是不可求的。""也就是说，在他看来，感到快乐与不感到痛苦是不同的事？""是的，"他说，"但这是完全错误的，因为如我刚刚表明的，完全消除痛苦是快乐增加的极限。""噢，"我说，"关于'脱离痛苦'我会稍后思考它的含义，但是，除非你冥顽不化，否则就必会承认'脱离痛苦'并不意味着就是'快乐'。""但在这一点上你会看到我是冥顽不化的。"他说，"因为这是完全正确的命题。""请问，"我说，"当人口渴时，喝到水不就是快乐吗？""无可否认。"他回答道。"这种快乐不就是消除了口渴的快乐吗？""不，这是不同的快乐。因为已经消除了口渴的快乐是一种'静态的'快乐，而实际消除口渴的行为中的快乐是一种'动态的'快乐。""既是两种不同的事物，"我问，"那你为何用同一个名称来称呼？"

"你还记得我刚刚说过的话吗？"他说，"当所有的痛苦都消除了，快乐可以有不同的类型，但不可能有程度的增加。""是的，我记得，"我说，"但是，尽管你的语言在形式上非常正确，意思却远没有那么清晰。'变化'是个很好的拉丁术语，严格的意思是指不同的颜色，但在比喻意义上指许多各不相同的事物，比如我们说一首多彩的诗，一次别样的演讲，一个多变的人，各种不同的财产。快乐若是源于大量不同的事物，产生不同的快乐感受，那么也可以用这个词来形容。如果这就是你所说的变化，我能理解这个词，正如你根本没有说到这个词之前我就明白那样。但你说当我们脱离痛苦时，我们体验到最高的快乐，当我们享有能激发舒适的感官活动的事物时，我们就经历一种积极的或'动态的'快乐，这种快乐引起我们快乐感觉的各种变化，但对前一种脱离痛苦的快乐——其实你为何称之为'快乐'我实在想不通——毫无量上的增加，若是这样，我就觉得你所说的'变化'不是那么容易领会了。"

4."那么，"他问，"还有比脱离痛苦更快乐的事吗？""就算没有更快乐的事（我暂时放弃那样的主张），"我回答，"难道就能必然推出没有痛苦就是快乐吗？""两者当然是同一的，"他说，"事实上，没有痛苦是一种非常强烈的快乐，是最强烈的快乐。""你既说至善就是完全没有痛苦的感觉，那为何不坚持这一观点不动摇？为何不坚守这一善的观念心无旁骛？为何还要把如此恣意放荡的快乐情妇（Mistress Pleasure）引入那些高贵的美德女士之列？她的名字就是可疑，笼罩在令人不齿的云层之下——你们伊壁鸠鲁主义者喜欢告诉我们的不过就是这些，所以我们实在不明白伊壁鸠鲁所说的快乐究竟是什么意思。我是一个秉性温和的争论者，但就我自己来说，当我听到这种强词夺理的论说（其实我已经频频听到这样的论断），还是不时感到有些恼怒。难道我不知道希腊词 hedone 即拉丁词 voluptas 的意思吗？请问，这两种语言有哪一种是我不熟悉的？而且难道我不知道这个词的含义，而那些选择成为伊壁鸠鲁主义者的乌合之众反倒知道？关于这一点，你的学派似乎非常合理地证明了争当哲学家的人根本不需要成为学者。你是言出必行的人，我们的祖先使老辛辛奈图（Cincinnatus）从农夫变成了发号施令者。你们到处寻找乡间村落，作为你们这些无疑很可敬但也显然不是很博学的跟随者的聚集之所。既然这些先生能明白伊壁鸠鲁的意思，我岂有不明白的道理？我会证明我也明白。首先，我说的'快乐'与他说的'Hedone'意思一样。我们常常很难给一个希腊语找到完全匹配的拉丁语，但这里根本不需要找。没有比'voluptas'这个拉丁语更能准确地表达相应的希腊语的含义了。世上每个懂拉丁语的人都知道，这个拉丁词有两个意思，一是指心灵的欣喜、高兴（gladness），二是指身体的愉悦、激动和舒适感。试勒比亚（Trabea）笔下的人说'心灵的极端快乐'，意指欣喜；凯西利乌斯笔下的人也有同样的感受，他描述自己说'因各种高兴的事而欣喜'。然而，这里还是有区别的。'快乐'（voluptas）这个词既可以指心理的，也可以指身体的感受（前者在斯多亚学派看来是一种邪恶的情绪，他们把它界定为'心灵在非理性信念的支配下以为自己享有某种至善而产生的心灵亢奋'），而'喜乐'（laetitia）和'欣喜'（gaudium）不是指身体的感觉。然而，按所有精通拉丁语的人的惯用法，快乐就在于享受某种感官的兴奋刺激。如果你愿意，'愉快'（iucunditas）这个词也可用于心灵（'使人愉快'既可指心灵也可指身体，形容词'使人愉快的'就是从它而来），只要你明白，说'我满心欢喜，充满迷惑'的人与说'现在我的心有怒火在烧'的人之间的不同，一个喜不自胜，另一个苦不堪言；还有中间状态的，比如有人说，'虽然我们的相识是最近的事'，① 显然，说话者既不感到高兴，也不感到悲伤。同样，享有最令人向往的身体快乐与忍受最可恶的痛苦之间也有中间状态，这种状态既无快乐，也无痛苦。

5. "那么，你是否认为我正确地理解了这两个词的含义呢？或者我是否仍然需要学习怎样使用希腊语或拉丁语？即使我没有理解伊壁鸠鲁的话，我仍然相信自己确实有非常清晰的希腊语知识，所以我不明白他的意思的部分原因也许在他，因为他使用了这样难以理解的语词。如果含义模糊出于以下两种原因是可以原谅的：一种是蓄意为之，赫拉克利特（Heraclitus）就是这样的典范，'有晦涩模糊者之别名的人，他的哲学如此深奥难懂'；② 另一种模糊是由于题目的深奥，但不是风格的隐晦，比如柏拉图的《蒂迈欧篇》就是这样。不过在我看来，只要可能，伊壁鸠鲁实在是很想说得清楚明白的，他所讨论的也不是像自然哲学这样深奥的主题，不是像数学这样的专业题目，而是一个清晰易懂的题目，是大家都已熟悉了的题目。你们伊壁鸠鲁主义者也不是认为我们不知道快乐是什么，而是认为我们没有理解伊壁鸠鲁所指的快乐是什么；这就表明不是我们不明白这个词的真实含义，而是伊壁鸠鲁在说他自己的习语，无视我们所接受的术语。如果他的意思与希洛尼姆斯是一样的，也就是认为至善是完全没有烦恼的生活，那么他为何一定要用快乐这个词，而不像希洛尼姆斯（他知道自己的意思）那样直接用'脱离痛苦'的表述？如果他的观点是终极目的必须包括动态快乐（他把活动的快乐称为'动态的'，把脱离痛苦的快乐称为'静态的'），那他究竟要说明什么呢？他不可能使任何认识自己的人——任何研究了自己的本性和感觉的人——

---

① 第一个引文出自某个不知名的喜剧作家，第二个出自凯西利乌斯，第三个出自泰伦斯，Heautontim, 1. I。

② 引文可能出自路西利乌斯。

相信脱离痛苦与快乐是一回事。塔奎图斯，这就是在强暴观念——就是从我们心里拔去根植在里面的词义理解。谁不知道经验世界包含这三种情感状态：第一是享受快乐；第二是感受痛苦；第三是既不快乐也无痛苦，我就处于这种状态，毫无疑问你现在也处于这种状态。快乐是人吃上美餐时的感受，痛苦是人备受折磨时的感受；但你真的没有看到这两个极端之间存在着一个中间状态，也就是说有许多人既不感到满足，也不感到痛苦？"我说。"我当然不会这么认为，"他说，"我认为凡是毫无痛苦的人都在享受快乐，而且是最高的快乐。""那么，假如一个人自己不渴，为另一人调了一杯饮料，你是否认为他与那喝饮料的口渴之人感受到同样的快乐呢？"

6. 对此，塔奎图斯回答说："如果你不介意，我们最好停止一问一答。我一开始就说我喜欢连续阐述。其实我完全预料到了这样的事；我知道我们应当咬文嚼字、吹毛求疵。""那么你是否更愿意我们采取修辞而不是辩证的方式来讨论呢？"我说。"是吗？！"他叫起来，"难道连续阐述只适用于演讲家，而不适用于哲学家？！""那是斯多亚学派的芝诺的观点，"我反驳道，"他常说，讲话的官能一般分成两部分，如亚里士多德早就界定的那样；修辞如同手掌，辩证法如同握紧的拳头；因为修辞家的风格非常宏大，而辩证法家的风格比较紧凑。所以我要违背你的意愿，尽我所能用修辞的方式论说，当然不是法庭上所用的那种修辞，而是哲学家使用的修辞。前一种因为是通用的风格，所以常常不可避免地在精细上有所欠缺。然而，塔奎图斯，伊壁鸠鲁鄙视辩证法，而辩证法乃是包含了认识事物的本质，判断事物的性质，引导系统化、逻辑化的论述的整个科学——所以我得说，伊壁鸠鲁自己毁坏了自己的阐述。无论如何，在我看来，他希望自己的理论有科学的精确性，但他所用的方法根本做不到这一点。就拿我们一直在讨论的这个信条来说。至善是快乐，伊壁鸠鲁如是说。那么，你必须解释什么是快乐，否则就不可能在探讨中讲清楚这个主题。倘若伊壁鸠鲁能澄清快乐的含义，他也不会陷入如此不堪的混乱之中。他或者应该支持阿里斯底普斯所说的快乐，即快乐是一种怡人的、令人愉悦和激动的感觉，在这个意义上，就是不会说话的牲畜，只要能开口说话，也可以说它们是快乐的；或者，如果他宁愿用自己的习语，而不愿说"达奈尼斯（Danaans）人、迈锡尼（Mycenae）人、雅典子孙"① 以及这些诗句是提到的其他希腊人所使用的语言，那么他就是把快乐这个词等同于脱离痛苦的状态，同时摒弃阿里斯底普斯所理解的快乐；否则，如果他赞同两种快乐——事实上他就是这样的——那么他就应该把快乐与没有痛苦两者结合起来，从而承认有'两个'终极之善。事实上确实有许多杰出的哲学家认为终极的善是复合的。比如，亚里士多德把美德的践行与终身的幸福结合起来；卡利弗（Callipho）把快乐与道德价值相统一，狄奥德罗（Diodorus）把道德价值与没有痛苦联合。伊壁鸠鲁完全可以学他们的做法，把我们正在讨论的观点，事实上就是希洛尼姆斯的观点，与阿里斯底普斯的老观点结合起来。因为他们之间有本质的区别，各自都确立了自己的终极目的；虽然两人都说无可挑剔的希腊语，但阿里斯底普斯主张，称为至善的快乐不包括毫无痛苦的状态，而希洛尼姆斯认为至善就是没有痛苦，但他从来没有用快乐这个词来表示这种没有痛苦的状态，事实上根本没有把快乐看作人所渴望的事物之一。

7. "你不能认为这只是措辞上的不同，这实在是事物本身的不同。也就是说，毫无痛苦是一回事，感到快乐是另一回事。但

---

① 出自某个不知名的悲剧。

你们伊壁鸠鲁主义者试图把这两种完全不同的感觉结合起来，不仅用同一个名词来称呼（那还是可以容忍的），还把这两件完全不同的事看作同一回事。这是根本不符合事实的。伊壁鸠鲁既然赞同两种快乐，就应该知道这两种快乐是什么；事实也确实如此，只是他没有在语言上把它们区分开来。他在许多段落赞美真正的快乐这个我们所有人都在使用的名词，甚至说他无法想象有哪种善是与阿里斯底普斯所意指的快乐没有关联的。这就是他在专门论述至善这个主题时使用的语言。还有另一篇论文非常扼要地阐述了他最重要的理论，他告诉我们他表达的就是智慧的格言。以下就是他写的话，塔奎图斯，你当然是很熟悉的（因为每个优秀的伊壁鸠鲁主义者都牢记着导师的权威理论，认为这些简短的格言或警句对快乐有最大的功效）。所以我真诚地请你留意这句格言我是否翻译得准确：'快乐主义者（sensualists）找到快乐的那些事若能使他们摆脱对诸神、死亡和痛苦的恐惧，能教导他们为自己的欲望设立界限，那么我们完全没有理由指责他们，因为无论如何他们得到了丰富的快乐，没有哪一方面招致痛苦或忧愁，而痛苦、忧愁是唯一的恶。'"

听到这里，忒莱阿里乌斯再也控制不住自己，脱口而出："说真的，塔奎图斯，伊壁鸠鲁真是这样说的吗？"（就我自己而言，我相信他是知道伊壁鸠鲁确实这样说了，只是想要听到塔奎图斯亲口承认）塔奎图斯毫不退缩，非常肯定地回答说："没错，他就是那样说的。但你并没有领会他的意思。""是吗？"我反驳说，"如果他说的是这样，意指的是那样，那我就永远甭想理解他的意思。但他的意思还是表达得非常清楚的。如果他这里所说的意思是快乐主义者只要是智慧者就无可指责，那么他的话毫无意义。他的意思也可能意指弑父者只要摆脱了贪婪，克服了对诸神、残疾和痛苦的恐惧，就是无可指责的。即便如此，给快乐者设定条件有什么意义呢？何必设想有那么些虚幻的人，他们虽然生活放荡，追求感官之乐，但是只要不犯其他错误，最智慧的哲学家也不会指责他们的快乐主义？同样，伊壁鸠鲁，因为这样的原因，即他们的生活目的就是追求各种各样的快乐，尤其是你所说的最高的快乐，也就是毫无痛苦感觉，你也不会指责快乐主义者，是吗？然而我们看到，放荡的人首先毫无宗教上的顾虑，'在髌骨上进食'，① 其次对死亡毫无畏惧，还常常引用'哈蒙尼斯'（Hymnis）② 的句子：'给我六个月生命足矣，第七个月就下地狱！'或者如果他们想要用药物来止痛，就从他们的小药瓶里拿出伟大的伊壁鸠鲁的万灵药，'（痛苦）强烈的就必是短暂的，漫长的就必是轻微的'。唯有一点我不明白：一个人怎么能既是快乐主义者同时又能克制自己的欲望不超越界限？

8. "那么说'如果他们克制欲望不超越界限我就不该指责他们'究竟是什么意思呢？这无异于说'如果放荡者不放荡我就不能指责他们'。他还可能说，如果不诚实的人是正直的人，就不能指责他们。这里我们这位严格的道德主义者竟然主张感官享乐本身是不该指责的！我承认，塔奎图斯，根据快乐就是至善的假设，他这样认为完全合理。设想——你很喜欢这样做——道德败坏的人在宴席上吃得倒下，不得不抬回家，第二天还没从前晚的狂饮中恢复过来又开始杯盘狼藉；设想那些如俗语所说的从来不见日出日落的人；那些挥霍遗产，终于陷入贫困的人，我会很难过。我们谁也不会认为那样放荡的人过着幸福的生活。不，这是品位高雅的人，配有一流的厨师和糕点师，养珍贵的鱼、鸟，从事高级

---

① 显然是讲无耻的贪食者的谚语。"髌骨"（patella）是用来盛祭祀家神的祭品的。

② 凯西利乌斯·斯坦提乌斯（Caecilius Statius）的一个喜剧。

娱乐以及诸如此类；对饮食精挑细选；喝'从新开的酒桶里倒出来装在酒瓶里的酒……'不像路西利乌斯所喝的是'失去了酒味的酒，滤器中沉淀下来的杂质'；同时还有戏剧表演以及常规节目，不同于伊壁鸠鲁大声宣称的快乐，这种快乐不知道善为何物；再设想他们有俊男服侍，有美服、银器、哥林多铜器（Corinthian bronzes），有摆宴席开盛会的场所，都有专人看护；拿这样的放荡者来说，说他们生活幸福或者享有幸福，我怎么也不会认同。结论就是，不是说那种快乐就不是快乐，而是说那种快乐不是至善。著名的莱伊利乌斯年轻时曾是斯多亚派的狄奥根尼（Diogenes）的学生，后来跟随潘奈提乌斯（Panaetius），他之所以被称为'智慧者'不是因为他对美食毫无论断（因为智慧者并非必然没有好的品位），而是因为他认为美食不太重要。'草药宴，全世界的人都嘲笑你，认为你一钱不值！然而我们古罗马的圣贤莱伊利乌斯却始终大声赞美你，我们喜欢吃的人排成长队。'莱伊利乌斯确实是'圣贤'。以下的诗句又是何等正确：他感叹道，'噢，帕布利乌斯·格罗尼乌斯（Publius Gallonius），贪婪的无底深渊，说真的，你是个可怜的魔鬼，你一生中从未吃好过，不，从来没有，一次也没有，尽管你买一尾鱼、一只龙虾或一条巨鲟就要花去一大笔钱。'① 说话者是个认为快乐毫无价值的人，所以在他看来，把快乐当作一切的人根本不可能吃好。请注意，他并不是说格罗尼乌斯从未吃得快乐（那不是事实），而是说他从未吃好。他在快乐与好（善）之间划下了如此严格而明确的界限。结论就是，虽然凡是吃好的人都吃得高兴，但是吃得高兴的人并不必然吃好。莱伊利乌斯通常都吃得很好。那么'好'是什么意思呢？路西利乌斯

---

① 路西利乌斯的这段话出于 2. 2. 46.，显然，格罗尼乌斯是个拍卖人，因把鲟（acipenser）引上罗马人的餐桌而臭名昭著。

会说，'烧得好，调味调得好'，但最重要的一道菜是'有真诚的谈话'，这样就是'一顿惬意的饭'。因为他吃饭是想放松，满足自然需要。因而，莱伊利乌斯说格罗尼乌斯从未吃好过是对的，说他虽然所有的心思都用在追求餐饮之乐上却并没有得到真正的快乐是对的。谁也不能否认他吃得很高兴。那么为什么没有吃'好'呢？因为'好'暗示正当、可敬、高贵；而格罗尼乌斯的饮食是错误的、可耻的、低级的；因而他没有吃好。倒不是莱伊利乌斯认为他的'草药宴'比格罗尼乌斯的鲟更美味，而是说他根本不认为美味有什么快乐可言；倘若他把至善看作快乐，就不可能这样认为。

9. "所以，如果你要引导自己的行为走上正道，就必须放弃快乐，即使是为了能够使用可敬的人的语言，也该这样做。既然我们不能称之为饮食的善，怎么可能称之为生活中的至善呢？但是我们的哲学家（指伊壁鸠鲁）是怎么说的？'欲望有三类，自然而必须的、自然但不必须的、既不自然也非必须的。'首先，这是一种生硬的分法；其实只有两类，他硬要分为三类。这不是分类，而是胡乱砍成碎片。伊壁鸠鲁所鄙视的受过科学训练的思想家通常是这样划分的：'欲望分为两类，自然的和幻想的；自然欲望又分为两种，必须的和非必须的。'这样分类才是完整的。把原是一个种的当作一个类，这是分类上的一个错误。当然，我们不必过分挑剔形式。伊壁鸠鲁鄙视辩证法的精确，他的风格往往忽视差异；在这一点上我们必须幽他一默，只要他的意思是对的。但是，就我自己来说，我无法热心地赞成，我只能忍受这样一个哲学家，谈论着给欲望设立界限的哲学家。把欲望限制在界限之内这可能吗？应当彻底摧毁欲望，把它连根拔除。然而，根据你们的原理，人不管有什么欲望，都不能给予道德的谴责；他将是一定界限内的守财奴，一个节制的奸淫者，一个适可而止的快乐主义者。这是一种什么哲学，不给邪恶致命一击，只是稍作约束就自以为是？虽然我非常赞同这种分类的基础，但我反对它的形式。伊壁鸠鲁应当把第一类称为'自然的需要'，把'欲望'这个词用在另外的地方，当他开始讨论贪婪、放纵以及所有至恶时再来审判它。

"这种对欲望的分类是伊壁鸠鲁喜欢扩大的一个题目。倒不是我指责他这一点，我们只是指望如此久负盛名的哲学家能大胆地坚持自己的教条。但他似乎常常过于急切地赞同通常意义上的快乐，因而常常处于非常尴尬的境地。这给人留下这样的印象：凡是为了追求快乐而行的事，只要保证不被发现，没有一件是可耻的。后来，羞于这样的结论（因为自然本性的力量毕竟是压倒一切的），他转而寻找躲避，提出没有什么能提高脱离痛苦这种快乐。'噢，但是，'我们说，'你的静态即没有痛苦的快乐根本不是快乐这个词所指的东西。'——'我不在意名称，'他回答。——'但事物本身是完全不同的。'——'噢，我可以找到成千上万的人不像你这样不厌其烦地要求准确，他们会很高兴把我教导的一切当作真理接受。'——'那么我们为何不进一步推论，如果不感到痛苦就是最大的快乐，那么不感到快乐就是最大的痛苦？为什么不认为这是善？'——'因为痛苦的反面不是快乐，而是没有痛苦。'"

10."不妨假设他不明白这种快乐是多么确凿的证据，没有这种证据他只能说对善（Good）一无所知（他细细地界定，善是味觉之乐、听觉之乐，还有其他种种感官之乐，这种定义不招致攻击才怪呢）——我得说，他没有弄明白我们严格而严肃的哲学家所认识的这种唯一的善，事实上并不是我们追求的目的，因为根据他自己的解释，只要我们没有痛苦，就根本不需要这种快乐。这是多么地自相矛盾！要是伊壁鸠鲁学过定义和分类，要是他知道陈述的含义，甚至只要知道惯用法，就绝不会陷入这样的困境。事实上，你明白他所做的事。他把从来没有人称为快乐的东西称为快乐；他把两件有明显区别的东西混合在一起。有时候他鄙视'动态的'快乐（就是我们所说的令人愉悦的并且可以说甜美的快乐），使你以为是在听马尼乌斯·库里乌斯（Manius Curius）说话；有时候又赞美它，甚至告诉我们他无法想象除此之外还能有另外的善。这种话不需要哪个哲学家来驳斥——应当由警察来废止。此外，不仅他的逻辑不正确，他的道德观也有错误。他说只要放荡者不是欲壑难填，只要他不因担心行为的后果而惴惴不安，就无可指责。这里他似乎是在为改信者（converts）报价：未来的放荡者只要成为哲学家就万事大吉。

"我知道，他把至善的起源追溯到生命物的诞生。动物一出生，就喜欢快乐，以之为善，视痛苦为恶，远而避之。在他看来，未败坏的造物就是分辨善恶的最好的法官。这就是你所阐明的观点，也是用你们学派的术语所表达的观点。多大的错谬！什么样的快乐能指导嗷嗷待哺的兽崽分辨至善与至恶，'静态'快乐或'动态'快乐？——愿上苍垂怜我们，这是我们从伊壁鸠鲁那里学到的词汇。如果说'静态'快乐，我们完全同意，自然本性显然有自我保护的本能；但说到'动态'快乐，就是你们首先主张的快乐，那么没有哪种快乐会低贱到不能被接受的地步；就此而言，我们新生的动物在最高形式的快乐中也找不到自己最初的动机，因为根据你们所指明的，这种快乐就是毫无痛苦。然而，伊壁鸠鲁不可能到孩子甚至不可能到动物——在他看来，他们都拥有能照出自然本性的镜子——中去寻找这样的证据；他几乎不能说自然本能引导孩子渴求脱离痛苦之快乐。这种快乐不可能刺激欲望；这种'静态'既然感觉不到任何痛苦，就不可能有任何推动力，不可能产生冲动的愿望（所以就此而言，希洛尼姆斯也是错误的）；产生动机的是积极的快乐感觉和喜乐。因而，伊壁鸠鲁致力于证明的快乐是自然所欲求的，也就是说，婴儿和动物为之吸引的是'动态'快乐，而不是完全脱离痛苦这种'静态'快乐。所以可以肯定，自然本能始于一种快乐，而最大的快乐在于另一种快乐，这种说法是无法自圆其说的。

11. "至于低级动物，我认为它们的论断毫无价值。它们的本能可能是错的，只是我们不能说它们是悖理的。一根树枝被刻意弄弯、扭曲，另一根长出来就是弯曲的；同样，野兽的本性诚然不是糟糕的教育所致，其本质上却是败坏的。就婴儿来说，自然本能不是求乐，而只是自我照顾、自我保护，免受外界的伤害。每一种生命的存在，从它出生那一刻起，就钟爱自己，爱自己的亲属；这种自爱主要指向两个主要部分——心灵和身体，随后也包括这两部分所属的各个小部分。心灵和身体都有某些优点；对此幼崽在成长中模模糊糊地意识到，后来开始能够分别，从而寻求大自然的最初恩赐，避免有害的方面。至于这些最初欲求的自然对象是否包括快乐，这是争论颇多的问题；但认为它仅仅包括快乐，既不包括肢体、感觉，[①] 也不包括心理活动和身体的协调、健康，在我看来就是愚蠢之极。而这就是某人关于善恶之理论必不可少的源头。玻勒谟（Polemo），还有他之前的亚里士多德都认为最主要的对象就是我刚刚提到的那些。由此引出了老学园派（the Old Academy）和漫步学派（Peripatetics，旧译逍遥学派）的理论，认为善的目的就是根据自然生活，也就是说，享受大自然所给予的最初的恩赐及其带来的美德。卡利弗只将美德与快乐相连；狄奥德罗认为美德就是脱离痛苦。……就提到的所有哲学家来说，他们的终极之善遵循以下逻辑：阿里斯底普斯

---

① 即肢体和感觉的健全。

的终极之善是纯洁而单一的快乐；斯多亚的是与自然和谐相处，他们认为这是符合美德或者有道德的良善生活，进而解释说这就是理解事件的自然过程，选择与自然本性一致的事，否弃相反的事。由此可见，有三种终极目的是不包括道德价值的，一种是阿里斯底普斯或伊壁鸠鲁的，一种是希洛尼姆斯的，还有一种是卡尔耐德（Carneades）的；另有三种终极目的包含道德之善以及另外某种东西，它们分别是玻勒谟的、卡利弗的和狄奥德罗的；有一种理论很简单，也就是芝诺的，完全建立在正当性，也就是道德价值之上。至于弗罗（Phrrho）、亚里斯托（Aristo）以及伊里路斯（Erillus），他们的理论已被推翻多时。除了伊壁鸠鲁的，其他人的理论都能自圆其说，最终的目的与最初的原理是一致的——阿里斯底普斯认为目的就是快乐，希洛尼姆斯认为是摆脱痛苦，卡尔耐德认为是享有最初的自然之物。

12. "但就伊壁鸠鲁来说，如果当他说快乐是最吸引人追求的目的时，所指的意思就是阿里斯底普斯的快乐，那么就应当主张阿里斯底普斯的终极之善；如果他是希洛尼姆斯意义上说快乐是至善，那么他是否应当同时允许自己承认前一种快乐，即阿里斯底普斯的快乐是最有吸引力的东西？

"他说感觉凭自身的能力判断快乐是善的，痛苦是恶的，这事实上就是认为当我们作为法官坐在私人位置上时，感觉比法律更赋予我们权威。若不在我们的权限范围内，我们不可能决定任何问题；法官都喜欢在判决书中加上这样的附加条件：'如果这是在我权限范围内的事'，其实这个条件没有任何意义，因为如果不在他们的审判权限内，判决无效，前提条件也徒然无功。感觉的裁决所产生的是什么？甜的、酸的、光滑的、粗糙的；接近、疏远；一个物体是静止的还是运动的，是方的还是圆的。因而公正的裁决只能靠理性，首先辅之以关于属人的神圣事物的知识，这种知识可以恰当地称为智慧；其次辅之以美德，理性视之为万物的女主人，你却视之为快乐的侍女和副官。理性召集这些成员组成审判委员会，先对快乐作出判决，裁定她没有权利，不仅没有权利独占我们理想中的至善宝座，甚至不能视为与道德价值相关的。至于摆脱痛苦，她的判决也必是同样的。因为卡尔耐德将被逐出法庭，关于至善的理论，无论是包括快乐或没有痛苦，还是不包括道德价值的，都不可能得到批准。于是剩下的只有两种观点。经过对它们的再三考虑，她最后要么作出如下判决：没有善，唯有道德价值，没有恶，唯有道德鄙下，所有其他事物都完全无关紧要，或者无足轻重，绝不会成为渴求的或者令人退避三舍的对象，只是选择或者舍弃的对象而已；她若不是这样判决，就会选择在她看来包含完全的道德之美的那种理论，这种理论因添加了原初的自然对象以及寿终正寝的圆满生命而显得更加丰富。如果她能首先解决这些对立理论之间的争论究竟是实质上的争论，或者仅仅是措辞上的不同而已，那么她的判决就会更加清晰。

13. "在理性权威的引导下，我自己现在也可以采用类似的程序。我将尽可能缩小主题，暂且把所有简单的理论，就是那些不包括美德的理论，都从哲学里完全清除。其中首先就是阿里斯底普斯和昔兰尼学派（Cyrenaic School）的体系，他们厚颜无耻地在那种能激发人最舒适感觉的快乐中寻找他们的至善，同时鄙视你们毫无痛苦的状态。他们没有看到，正如自然造出马是奔跑的，造牛是耕地的，造狗是用来狩猎的，同样，如亚里士多德所说的，造人是为了两个目的，思想和行为。可以说，人就是必死的神。昔兰尼学派持相反的观点，认为这像神一样的动物之所以生成，就如同某种迟钝、半开化的羊，是为了进食，享受生育之乐——在我看来，这是愚蠢之极的观点。这就是我们对阿里斯底普斯的快乐观的回答。在他看来，所有人在使用快乐这个词时，不仅指最高的而且也是唯一的快乐。你们学派持有不同的观点。然而，如我所说的，阿里斯底普斯是错的。人的身体结构、理性卓越的思维能力都没有表明人生来只是为了享受快乐这唯一目的。我们也不能听从希洛尼姆斯，他的至善有时——或者毋宁说太多时候与你们所主张的相同，就是没有痛苦。如果痛苦是一种恶，那么没有这种恶，就不足以构成善的生活。如果恩尼乌斯（Ennius）乐意，就让他说吧：'人没有疾病就是完全的善，至善了。'① 但我们应当知道，快乐不是避免恶，而是获得善。我们不可心不在焉地接受快乐，无论是阿里斯底普斯的那种积极愉悦，还是希洛尼姆斯的那种无痛苦状态，而要在行为或思考的生活中追寻快乐。

"同样的论证也可以驳斥卡尔耐德的至善。他提出的善与其说是想要自己采用，还不如说是把它当作武器与斯多亚学派争战；当然如果把它加到美德上，就可能显得很重要，也可能增加快乐的总量，这是我们要讨论的一个问题。但那些人把美德与快乐——这是美德最不看重的事物——联结，或者与无痛苦状态——尽管这种状态没有恶，但也不是至善——相连，这实在是不那么令人信服的结合；我也不明白他们为什么行事如此谨小慎微，给人的感觉是他们得购买美德的搭售品。一开始他们选择所能找到的最廉价的东西搭售，然后每人只发放一样，而不是把自然最初赞成的一切事物都与道德价值联系起来。亚里斯托和弗罗认为所有这些事物都完全没有价值，比如，他们认为在良好的健康与严重的疾病之间选择是毫无意义的，所以，人们早就不再驳斥他们了。这是完全恰当的。因为他们过分强调美德独一无二的重要性，甚至剥

① 出自恩尼乌斯的悲剧 *Hecuba*。

夺它在极端之间选择的能力，否认它是起点或基础，这其实恰恰破坏了他们视为至宝的美德。同样，伊里路斯把什么都建立在知识之上，眼睛只盯住某种确定的善，但这种善不是至善，也无法作为生活的向导。所以伊里路斯也早已被弃之一旁。自克律西坡以来，就没有人费劲去驳斥他了。

14．"这样剩下的只有你们学派了。至于学园派，没有谁会去挑战，因为他们从不积极主张什么，不指望有确定的知识，断然把表面的可能性当作向导。然而伊壁鸠鲁是个比较麻烦的对手，因为他把两种不同类型的快乐混合起来，还因为除了他自己和他的朋友之外，还有那么多后来者拥护他的理论，而且还多少得到那最无力同时也是最有力的支持者即大众的支持。我们若不驳斥这些对手，一切美德、荣耀、真正的功绩就必然付诸东流。因而，当其他体系都抛弃之后，还剩下一场决斗，对决者不是我和塔奎图斯，而是美德和快乐。这场争战绝不是像克律西坡这样富有洞察力又如此勤勉的作家所寻求的，他认为快乐与美德之间的对抗在整个关于至善的问题中是最关键的一点。我的观点是这样的，如果我能证明道德价值的存在是本质性的事，其本身是人所欲求的对象，那么你的整个体系就顷刻瓦解。所以首先我要尽可能简洁地定义道德价值的本质；然后，塔奎图斯，我要着手讨论你的每一观点，除非我的记忆不好，没有记住你所说的每一点。

"我们认为道德价值是这样的东西，虽然缺乏实用性，但它受人赞美正是出于其自身，因为其本身，而不在于任何益处或报偿。我所给出的这样正式的定义可能有利于说明它的本质，但人类的普遍判断以及所有高贵者的目的和行为则更能清楚地解释它的含义。良善的人做很多他们并不指望得到什么好处的事，只是出于正当的、道德的和合理的动机才去做。人与低级动物之间有许多不同，其中最大的不同就是大自然赋予人理性的恩赐，一种积极的、精力充沛的智力，能同时以极快的速度做好几件事，并且可以说有一种敏锐的嗅觉，能够洞悉事物的因果关系，能够条分缕析，能够把分离的事物联系起来，把将来与现在联结起来，纵观整个连续的生命过程。而且正是理性使人对同类感兴趣；理性还产生了语言和习惯的自然一致性，激发人从友谊和亲情开始扩展自己的兴趣，首先与同胞形成社会纽带，然后与全人类建立社会关系。她提醒人，如柏拉图在致阿尔基塔（Archytas）的信里所表述的，[①] 人生来不是只为自己，而是为国家，为同胞，只是小部分为他自己。她还使人类产生思考真理的欲望。这最明显地体现在我们闲暇的时候：当我们的思想处于闲暇状态时，我们渴望获得知识，甚至关于天体运动的知识。这种最初的本能引导我们热爱一切严格意义上的真理，也就是说，一切可靠的、单纯的、一致的事物，同时厌恶不实的、虚假的、欺骗的事物，诸如诈骗、偏见、邪恶和不公正。而且理性天生就拥有高贵和尊严，更适合命令而不是服从；认为人的命运中所遇到的一切事件不仅是可忍受的，而且是无足轻重的；天生就有雍容典雅的气质，无所畏惧，不服从谁，谁也征服不了她。除了以上提到的这三种道德之善外，还有第四种，它拥有同样的美，并且事实上是从前三种善中产生出来的。这就是关于秩序和自制的原理。我们先是认识外在形式上与这原理同样美同样高贵的事物，然后转而语言和行为的道德之美。以上提到的三种美德，每一种都转而这第四种美德：它害怕草率；它不愿用粗暴的言行伤害人；它担心行为显得懦弱，说话无男子气概。

15. "塔奎图斯，关于道德价值有一个完全、详尽并充分的

---

① 柏拉图《书信》IX。

计划，这四种美德——你也提到它们——构成整个计划的一部分。然而你的伊壁鸠鲁告诉我们，他完全不知道那些视这种道德价值为至善之标准的人赋予它什么本性或哪些属性。如果道德价值是一切事物参照的标准，同时他们不同意快乐构成它的任何部分，那么他就认为他们显然完全没有理性（这是他自己的话），他完全不明白也不理解道德价值这个词包含什么含义。按通常的说法，‘道德’（可敬的）①的意思只是指备受公众尊敬的事物。伊壁鸠鲁说，大众的尊敬本身虽然常常比某种快乐更令人高兴，但只是作为获得快乐的途径才为人追求。你意识到这是一种多么不同的观点吗？这里是一位著名的哲学家，其影响力不仅渗透于整个希腊、意大利，还远播到化外之地，这样的哲学家提出异议，如果道德价值与快乐不一致，他就不明白道德价值是什么；所以唯有一种可能，它实际上就是那种获得大众赞同和鼓掌的东西。就我来说，我认为受大众欢迎的往往有积极的基础，如果它没有基础，那么只有一种可能性，那就是大众所欢迎的正好就是其本身是正当的、值得赞美的事物；即便如此，它也不是因为受到广泛赞同才称为‘道德’（可敬的），而是因为它是这样的东西，即使人没有意识到它的存在，或者从未谈到它，它也仍然是值得赞美的，因为它本身就是美的、可爱的。因此伊壁鸠鲁迫于不可抗拒的本能力量，不得不在另一段话里说了你刚刚所说到的，也就是说，没有道德（尊严）的生活不可能是快乐的生活。这里他说的‘道德’是什么意思呢？等同于‘快乐’吗？果真如此，岂不等同于说，你若不过有道德的生活就不可能有道德的生活？或者说，除非你把公众的意见当作你的标准？若这样，他

---

① 拉丁词 honestum 包含双重含义：道德上的美或善；可数的。英文和中文里都找不到相应的词翻译。——中译者注。

的意思就是说，人没有得到公众意见的赞同就不可能过快乐的生活？然而，还有什么比让智慧者的行为建立在愚蠢人的闲谈上更不光彩的事呢？那么，他在这段话里理解的'道德'究竟是什么意思呢？显然，就是指因其自身而值得赞美的事物。因为它若是作为获得快乐的一个手段受到赞美，这有什么可信性呢？你在供应商（provision-dealer）那儿也可以获得快乐。不——伊壁鸠鲁如此重视道德价值，甚至说没有它就不可能过快乐的生活，这样的人不可能把'道德'等同于'流行'，不可能说没有公众的尊敬就不可能过快乐的生活；他只可能把'道德'理解为正当的东西，也就是其本质是正当的，其内在固有、独有的本性是值得赞美的。

16. "塔奎图斯，我注意到，你如此自豪地告诉我们伊壁鸠鲁如何大声宣称没有道德的、智慧的和公正的生活就不可能有快乐的生活，你自豪的缘由就在于此。你的话语从它们所指称的事物的荣耀中汲取潜能，你昂首挺胸，语气坚定，目不转睛地盯着我们，似乎庄严地宣称伊壁鸠鲁确实时时赞美道德和公正。倘若哲学家从来没有提及那些名词，我们不应当用到哲学上来；然而在你的嘴上它们显得多么高贵！伊壁鸠鲁向我们论到过智慧、勇敢、公正和自制的机会实在少之又少。然而，那些伟大的人所激发的正是爱，爱促使人类投身于哲学研究。柏拉图说，视觉是我们所拥有的最敏锐的感觉，但我们的眼睛不可能看见智慧；眼睛若能看见智慧，真不知道会唤起怎样的激情爱意！为什么呢？难道是因为她在制造快乐的技术上非常高超、非常聪明？公正为什么受赞美？那古老而熟悉的格言'你可以在黑暗里与他玩输赢的人'从哪里来？严格来说，这格言适用于诚实的例子，但也有一般意义上的应用，就是我们所有的行为都受行为之性质的影响，而不是受某个证人的存在或不存在之影响。你所提出的那些威慑因素——罪感的折磨，对冒犯者可能招致的惩罚的惧怕，或者无论如何总是处于对终极报应的恐惧之中——这些东西是多么软弱无力！我们不可把不道德的人刻画为胆小的懦夫，拿自己过去的错误折磨自己，并且惧怕一切；而应当把他设想为在他所做的一切事上斤斤计较，机智，灵活，善于使手腕骗人，行事隐秘，没有证人，也没有同犯。不要以为我是在说某个路西乌斯·图布卢斯（Lucius Tubulus）——当他作为法官审判谋杀案时，几乎毫不隐瞒他在判决中受了贿，所以第二年保民官（tribune of the plebs）帕布利乌斯·斯卡渥拉向平民大会提交议案要求对此展开特别调查。平民大会通过了该议案，元老院委任执政官格奈乌斯·凯比奥（Gnaeus Caepio）主持调查；但图布卢斯闻风出逃，远走他国，不敢接受调查，因为他的罪行昭然若揭，路人皆知。

17. "因而，这不只是一个无赖，而且是一个聪明的无赖，就像奎图斯·波姆佩伊乌斯（Quintus Pompeius）在断绝与努曼提奈斯（Numantines）所立的合约时所做的那样；也不是一个害羞、胆小的不诚实者，而是一开始就对良心的呼唤充耳不闻——要压制这样的声音显然毫无困难——的人。我们所称的行为诡秘的人，绝不会暴露自己的罪行，相反，还常常让人相信他对欺诈行为义愤填膺；这就是我们所说的老奸巨猾的含义。

"我记得参加了帕布利乌斯·塞克斯提利乌斯·鲁弗（Publius Sextilius Rufus）与他的朋友就以下问题举行的研讨会。他是奎图斯·法底乌斯·格罗斯（Quintus Fadius Gallus）的继承人。法底乌斯的遗嘱里有一句话说，他要求塞克斯提利乌斯把全部财产留给他的女儿。塞克斯提利乌斯后来不承认遗嘱里这样的安排，他这样做不会受到任何惩罚，因为没有人证明他的话不实。但我们都不相信他的话是真的；从他的钱财来看，更可能是他撒了谎，而不是立遗嘱人，就是留下遗嘱说他附了一个要求，继承人必须是执行的人。事实上塞克斯提利乌斯接着说，他既发过誓要遵守伏克尼安法（Voconian Law），① 就不会贸然违背它，除非他的朋友认为他应该这样做。我当时还是个年轻人，许多成员都已是声名显赫；会上每个人都提议他不要给法底亚（Fadia）更多的钱，只要根据伏克尼安法该给多少就给多少。② 塞克斯提利乌斯保留了很大的一笔财产，他若听从那些人的劝告，首先考虑荣誉和利益的正当性，就一分钱也得不到。那么你是否认为他后来备受自责呢？一点也不。相反，遗产使他成了一个富人，他因此对自己感到非常心满意足。他认为自己大大赚了：他不仅通过正当手段，而且事实上正是借助于法律获得了一大笔财产。根据你们学派的观点，只要能获得钱财，就是冒点险也是正当的，因为钱财带来许多激动人心的快乐。

"因而，正如那些认为正当、可敬的事因其自身的原因值得追求的人必然常常为了荣誉和道德价值而冒险，同样，伊壁鸠鲁主义者既用快乐来衡量一切，也必会为了获得更多的快乐而不惜冒险。如果一大笔钱财或者一大笔遗产处在得失之间，由于钱财能带来巨大快乐，所以你的伊壁鸠鲁如果希望实现他自己的善的目的，就必然会像斯西比奥那样做——斯西比奥一旦发现只要把汉尼拔（Hannibal）诱骗回非洲就有机会获得巨大的名望，就毫不犹豫地这样做了。他这样做当然冒着很大风险。因为这样做的目的不是快乐，而是名声。同样，你的伊壁鸠鲁，这个智慧者，一旦受到某种极大利益的激励，就会战斗到死——如果需要这样

① 很可能指担任某个政府职位时发誓遵守法律这样的惯例。伏克尼安法禁止妇女继承遗产。把遗产遗赠给朋友，让他保证转交给指定的女继承人，这就规避了这样的法律。

② 伏克尼安法似乎允许把财产遗赠给妇女，只要其数目不超过传给真正"继承人"的数目。这句话或者意指遗赠给法底亚的只有很少一点钱，或者意指她什么也得不到。

做，而且理论充足的话。如果环境能让他的罪行隐藏，无人追究，那非常好；即使暴露了，他也必看轻种种惩罚。因为他一直受到这样的训练，要看轻死亡、流放，甚至痛苦本身。你若规定惩罚是针对恶人的，必然就会认为死亡、流放、痛苦等是无法忍受的，但你若是坚信智慧之人总是占有善的某种优势，那就容易忍受了。

18. "假设我们的行恶者不仅聪明，而且手握大权，如马库斯·克拉苏（Marcus Crassus）那样——不过，他实际上常常受自己的自然之善的引导；或者像我们现在的朋友波姆佩伊乌斯那样，我们应当感激他的正直行为，尽管他也可能有过不义的事而未受处罚。然而，有多少不公正的行为根本找不到责任人，有多少人行了不公正之事根本没有受到惩罚！如果你的一位朋友临死前要求你把他的财产传给他的女儿，但没有留下任何书面材料表明他的意向，如法底乌斯那样，或者没有向别的人说起过，那么你会怎么做？毫无疑问你会照他说的做；也许伊壁鸠鲁本人也会这样做，如塞克斯多的儿子塞克斯多·佩多凯乌斯（Sextus Peducaeus）那样，他是极为诚实而认真的学者和绅士，身后留下一个儿子，这个儿子是我们今天的朋友，常常回忆起他父亲的修养和正直品质。谁也不知道一位著名的罗马骑士努尔西亚（Nursia）的盖乌斯·普罗提乌斯（Gaius Plotius）临终前向他提出了这样的嘱托，但塞克斯多主动找到普罗提乌斯的遗孀，告诉她丈夫的遗嘱——令她大为吃惊——又把财产转交给她。现在我想要向你提问的是：既然你自己也会毫不犹豫地做同样的事，难道你不认为自然本性的力量是非常强大的吗？事实上，甚至就你们伊壁鸠鲁主义者来说，虽然声称你们自己的利益和快乐是唯一的准则，但你们的行为却表明你们并非真的致力于快乐，更多的是出于职责；我得说，这不正表明向善的本能冲动比败坏的理性更强大吗？卡尔耐德说，设想你知道有条毒蛇潜伏在某处，而某人——他若死了你就获益——不知道，正准备在那个地方坐下；如果你不立即警告他不可坐，你就行了恶事。但你的恶仍然不会受到惩罚，因为谁能证明你原本就知道呢？不过，这一点已经很清楚，我没必要一再重复。显然，如果公平、诚实和公正不是源于自然本性，如果所有这些东西都只是因为其有用才有价值，那就不可能有良善之人。在我的《论国家》（*On the State*）中，莱伊利乌斯已经详尽讨论过这个问题。

19. "对自制或中道——意指顺从理性、控制欲望——也可以作同样的测试。设想某个人心底有许多邪念——那会对纯洁毫无冒犯吗？某个行为难道不可能本身就是有罪的，而不在乎有没有耻辱相伴？同样，一个勇敢的战士上战场，为祖国抛头颅洒热血，是出于对各种快乐之平衡的精确估算，还是出于沸腾的热血、满腔的激情？塔奎图斯啊，如果伟大的伊佩利奥苏斯（Imperiosus）听到我们的争论，听到我们俩关于他的谈论，你认为他听到谁的话会更满意呢？我说的是他的行为完全不是出于自私目的，全都是出于爱国的动机，而你认为他的所作所为完全是为了自己。再设想，你想要把自己的意思表达得更清楚一点，所以进一步说，他的行为全是因追求快乐的欲望激发的，请问，他会接受吗？就算他同意你的看法；如果你愿意，我们再假设塔奎图斯行事是为自己的利益（我更愿意这样说，而不是说'为自己的快乐'，尤其是用在如此伟大的人身上）。然而，他的同事帕布利乌斯·德西乌斯（Publius Decius），他家族里的第一位执政官怎样呢？当德西乌斯誓死战斗，策马冲进黑压压的拉丁军队，他可曾想过个人的快乐？哪里或何时有快乐可享？他知道自己顷刻就会死亡，是的，伊壁鸠鲁要求我们热烈追求快乐，他却以更大的激情追求死亡。倘若他的英勇事迹不是因其本身的功绩受人赞美，他的儿子就不可能在第四任执政时期效仿他；他儿子的儿子也不可能在与弗罗一起指挥作战时也倒在战场上，祖孙三代都为国捐躯。我不想再举更多的例子了。希腊人中这样的英雄不多——包括列奥尼达斯（Leonidas）、埃帕米诺达斯（Epaminondas），也就是三四个；但我若要开始列举我们的民族英雄，我必能成功地使快乐服从于美德，但是——这样的例子实在太多，几天几夜也无法举完。埃卢斯·瓦莱乌斯（Aulus Varius）以其严厉审判而著名，当部分证据已经出示，更多的证人还要传唤之际，他常常对其他法官说：'或者我们的证据已经足够，或者我不知道什么样的证据才是足够的。'我所引的证据也足够了。你本人无论如何都是你家族中一个有出息的子孙，是快乐激励你——一个毛头小伙子——去争夺帕布利乌斯·苏拉（Publius Sulla）的执政官职位吗？你为你勇敢的父亲争到了那个职位；他是多好的执政官！多么爱国，终身如此，尤其是做了执政官之后！正是由于他的支持我才成功地完成了一件事，那是为了所有人的利益而不是为了我自己的利益。①

"但是，你一方面描绘一个人装满最大的快乐，完全没有痛苦，不管是当下的，还是将来的，另一方面又让撕心裂肺的痛苦折磨他的身体，没有任何快乐或者对快乐的指望；然后进而问谁能比后者更可怜，或者谁能比前者更快乐；最后得出结论说，痛苦是最大的恶，快乐是至善，你这样做真是太妙了！

20."曾有一个勒努维乌姆（Lanuvium）的路西乌斯·托利乌斯（Lucius Thorius），你肯定不记得了；他生活的原理就是享尽所能找到的最大的快乐。他对快乐的欲求只有他在设计各种快乐时的品位和灵巧才能相提并论。他完全没有一点迷信，对于他

---

① 指对喀提林阴谋（Catilinarian conspiracy）的镇压和西塞罗随后的流放。

家乡著名的一切祭献和神庙都嗤之以鼻；他对死毫不畏惧，他本人就是在战场上为国捐躯的。伊壁鸠鲁对欲望的分类根本不适用于他；他根本不知饱足。同时，他对自己的健康非常关心，做大量运动，等到饥渴了才去吃喝；吃的是既非常美味又易于消化的食物；尽兴喝酒，但不会多到有损健康。还有其他一些爱好，伊壁鸠鲁说没有它们他就无法理解善是什么，路西乌斯·托利乌斯也不放弃。至于痛苦，他从来不曾经历；就算痛苦降临到他身上，他也必能坚强地承受，不过，不会去找哲学家，更可能去找医生。他的身体非常健康，机体运转正常；他也极为受人欢迎。总之，他的生活中充满了各种快乐。你们学派声称他是个快乐的人，至少你们的理论要求你们这样做。但有人在他之上——我不敢说谁，美德会亲自替我说，她会毫不犹豫地把马库斯·雷古路斯（Marcus Regulus）列在这个特别快乐的人——你们该会这样称呼他——之上。雷古路斯出于自己的自由意志，没有任何强迫，只是因为答应了某个仇敌，就离开自己的故土来到迦太基（Carthage）；然而美德宣称，当他这样做时，尽管备受饥饿和无法睡觉的痛苦，但也比托利乌斯坐在他的玫瑰之榻上狂饮作乐更加幸福快乐。雷古路斯经历过大战，担任过两届执政官，庆祝过一次胜利；然而他认为先前的一切丰功伟绩都没有最后的那次灾难伟大、光荣，那是他为了荣誉和自尊而决定经历的，在我们这些听者看来，其结局是悲惨的，但对亲身经历的他来说却充满了快乐幸福。使人感到幸福的不是行乐或放纵，不是耍弄或玩笑，那是轻浮的忠实同伙；那些感到幸福的人其实常常陷于不幸的境地，但他们意志坚强、刚正不阿。路克莱提娅（Lucretia）被王子强暴，就招来她的同胞见证她的屈辱，然后自杀。这唤醒了罗马人民的义愤，他们在布鲁图的领导指挥下为国家赢得了自由；为纪念路克莱提娅，她丈夫和父亲被选为共和国元年的执政官。

在我们赢得自由六年之后，路西乌斯·维基尼乌斯（Lucius Verginius）——一个卑微的穷人——宁愿亲手杀死自己的妙龄女儿，也不愿让她屈服于阿比乌·克劳狄（Appius Claudius）的淫欲，后者当时正掌管国家的最高权力。

21. "塔奎图斯，你或者得谴责这样的行为，或者得放弃你们的快乐。然而，既然快乐不可能找到仁人志士做她的证人和支持者，她能提供什么辩护？你能为她提供什么有利的证据？就我们民族而言，我们可以从我们的记载中引证，列举那些载入史册的人，他们的一生历尽艰难险阻，因之荣耀无比，他们生来恐怕不是为了所谓的快乐；而在你的论述中，历史沉默不语。在伊壁鸠鲁的学派中，我从来不曾听到过有人提及吕库古斯（Lycurgus）、梭伦（Solon）、米提亚德（Miltiades）、塞米斯托克勒斯（Themistocles）、埃帕米诺达斯这些其他哲学家常常挂在嘴边的名字。既然我们罗马人也开始讨论这些主题，我们的朋友阿提库斯就会从他的知识宝库里给我们提供一个伟人名单，这是多么令人惊奇的名单啊！① 谈论这些伟人岂不比用那么多笔墨谈论塞米斯塔（Themista）更好？那样的事就让希腊人去做吧。没错，我们应该把哲学和一切人文学科归功于希腊人，但有些话题不适合我们，只适合他们谈论。斯多亚学派与逍遥学派之间发生争战。一方宣称，除了道德价值，没有什么是善的；另一方虽然也承认道德价值是最大的，并且显然是最大的，但坚称仍然有些属身体的、外在的东西也是善的。这是一场可敬的争论、高层次的论战，因为整个论战集中在真正美德的价值问题上。但是，若有人与你的朋友争论，就不得不听他喋喋不休地讲快乐，甚至是低级粗俗的快乐！伊壁鸠鲁总是没完没了地唠叨这些快乐！相信

----

① 阿提库斯写过历史和传记文集。

我，塔奎图斯，如果你反省一下，研究一下你自己的思想和倾向，就不会再为你所宣称的理论辩护了。我得说，克利赛斯（Cleanthes）在讲课中常常描绘的图画必会使你感到脸红。他让听众想象，向他们这样描绘快乐：她装饰得像个王后，衣着华丽，坐在王位上；旁边立着她的侍女美德，她们把看护快乐作为其唯一的目的和职责，只是不时在她耳边悄悄告诫她（假设画家的技艺可以传达）注意可能冒犯公众意见的愚蠢行为，或者可能产生痛苦的事。'至于我们美德，生来就是您的奴仆；服侍您是我们全部且唯一的事。'

22."但是，伊壁鸠鲁，你会告诉我（因为这是你坚定的观点），人若不过有道德的生活就不可能快乐地生活。似乎我在乎伊壁鸠鲁肯定或否定什么！我所要问的是，把至善归于快乐的人所一以贯之的是什么？你凭什么认为托利乌斯或者奇俄斯的波斯图米乌斯（Postumius of Chios）或者他们的老师俄拉塔（Orata）不是过着极其快乐的生活？伊壁鸠鲁自己也说，快乐主义者只要不是完全的傻子，他们的生活就是无可指责的——这也如同他的前提'如果他们摆脱恐惧和欲望'。由于他为欲望与恐惧提供了一个处方，事实上也就让人尽情沉溺于享乐。他说，清除了那些情欲，他看不出一种放纵的生活还有什么可指责的。这样说来，你们伊壁鸠鲁主义者既把快乐看作唯一的向导，就不可能坚持或者保守美德。因为一个力求不做错事、避免引起伤害的人，在你们看来并不是良善和公义的人。你肯定知道以下的诗句：'爱良善的人，毫无良善可言——'① 相信我，这话再对不过了。只要他的动机是恐惧，他就不是公正的；而且可以肯定，一旦他不再恐惧，他就将成为不公正的；如果他能掩饰自己的不当行为，或

---

① 出处不明。

者做错事后仍能显出若无其事的样子，那么他就不会感到恐惧；他肯定宁愿徒有虚名，也不会要没有名声的现实。所以，毫无疑问，你的学派宣传的是名义上的公正，而不是真正现实的公正。其教导无异于说——我们应当鄙弃我们自己良知发出的可靠声音，而去追逐其他人的错谬幻想。关于其他美德也同样如此。你们把它们完全建立于快乐之上，就是把它们置于空中楼阁。再拿伟大的塔奎图斯来说，他为什么能被称为真正的勇士？——虽然我的赞美，如你所说的，不足以打动你，但我得说，我很高兴听到你和你家族的名字；事实上，我对那杰出的人有诸多个人记忆。埃卢斯·塔奎图斯是我亲爱的朋友，只要在普遍知识范围内，他对我极其忠实，不遗余力支持我，这一点你们俩必定很了解；但就我自己而言，虽然急于感受并表达我特别的感激，但我若不知道他的友谊是真正无私的，就不会那样感激他；除非你们偏要说这是为他自己的利益，那么只能说，行事端正是有利于每个人的。你若真这么说，那我们就赢了；须知，我们的原理，我们想要说明的就是，职责就是它自己的回报。但你们伟大的导师可不允许这样，他指望一切事都有利可图——都能产生最高限额的快乐。我再回到老塔奎图斯。倘若他接受格利克（Gallic）战士的单刀赴会，迎接埃尼奥（Anio）岸之战是为了获得快乐，如果他摧毁对方，取了对方的颈饰，得了相应的称号是出于别的原因，而不是因为这样做使他成为一个真正的男人，那么我不会认为他是勇敢的。再说，如果端庄、自制、贞洁，简言之，自制这种美德的圣洁性要依赖于对处罚或耻辱的畏惧，而不在于其自身内在固有的神圣性，那么奸淫、恶念或贪欲只要能隐藏、不受惩罚或者放纵，怎么可能不失去控制，肆意滋生呢？

"或者，倘若你，塔奎图斯，赋予了这样的名字，如此地富有天分和才气，却不敢在公众面前承认你的所作所为的真正目的，是什么动机使你成就了自己的事业，也就是你所认为的生活中至善是什么，那么请问我们该怎样想象这样的情景呢？当你担任了公职不久前去公开演讲（因为你得宣布规则说，你将在任职中保证行事公正，而且很有可能——只要你认为行——会按照那因有久远传统而备受尊重的习俗提到你的祖先和你自己）——请问，你出于什么考虑，竟得意地宣称你在任职期间准备完全由快乐来引导你的行为，快乐就是你生活中一切行为所指向的目的？这样做有什么回报？——'你把我看成这样的一个弱智者？'你叫喊道，'竟然在无知的民众面前那样说话！'——那么在法庭上这样宣称，或者如果你害怕法庭上的公众，就在元老会上宣称，怎么样？当然，你绝不会这样做。如果不是因为这样的话令人羞愧，那又是什么原因？那么在塔奎图斯和我面前说这样的话，这是对我们的怎样的致意！

23. "不过，我们不妨同意你的观点。事实上，'快乐'这个词并不显得多么高贵，也许我们不明白它的意义，因为你们一直在说我们不理解你们所说的快乐是什么意思，似乎它是一个多么高深艰涩的概念似的！既然当你谈论'不可分的原子'和'世界间空隙'（cosmic interspaces）① 这些并不存在也永不可能存在的东西时，我们能够理解，而当你谈论快乐这种连麻雀也知道的感觉时我们反倒不知道吗？我们的智力难道低到这种程度吗？我若是强迫你承认我确实不仅知道快乐的真正含义（它是感觉的一种适宜活动），而且知道你说的快乐是什么意思，那又怎样呢？有时候你的快乐是指我刚刚定义的感觉，这种快乐你称之为'动态'快乐，因为它产生一种明确的感觉变化；有时候你又

---

① 伊壁鸠鲁认为原子构成许多的小世界，小世界之间存在着"空隙"，它接近于虚空或者就是虚空。——中译者注

说它是完全不同的另一种感觉，是快乐的极致和最高点，但只在于完全没有痛苦；这种状态你称之为'静态'快乐。好，假设快乐就是后一种感受。请你在任何公众会场上承认你的所有行为都是意在避免痛苦。如果你觉得这也不够尊严、不足以受人尊敬，那么就说你担任现职以及一生中的所有作为全是为了你自己的利益，——不做别的，只做有利可图的事，不做与你自己的利益无关的事，请设想一下，听众中将会发出怎样的倒彩之声！你还能有什么机会成为执政官？——而事实上似乎可以确定，不久的将来这就是你的职位。你能接受一种私下里、在朋友中倡导但不敢公开承认或者向公众展示的生活规则吗？但常挂在你嘴边的，常在法庭上、元老院里说的正是漫步学派和斯多亚学派的措辞：职责、公正、道德价值、忠诚、正直、荣耀、公职的尊严、罗马人的尊严，为城邦冒任何危险，为祖国舍生忘死——当你这样说的时候，我们这些傻瓜敬慕得目瞪口呆——而你们肯定窃笑不已。在那些荣耀而高贵的词汇里，没有快乐的立足之地，不仅你们学派所谓的'动态'快乐，也就是每个人——典雅的或粗俗的——只要能说拉丁语的每个人所说的快乐，而且你们的'静态'快乐，也就是唯有你们伊壁鸠鲁主义者才称之为快乐的，都找不到立足之所。

24. "那么，你能肯定你有权利用我们的词汇来表达你自己的意思吗？如果你采用一种不自然的表达或者行为，以便显得更重要一些，那是不真诚的。那么你是要炫耀一种虚伪的语言，说的是一套，想的是另一套吗？难道你的观点就像你的衣服，家里穿的是一套，出去穿的是另一套？外表上显得冠冕堂皇，里面隐藏着你真实的自我？我恳请你想一想，这样诚实吗？在我看来，那些高贵的、值得赞美的、可尊敬的观点应该是真实的观点，是可以在元老院、公众大会以及任何场合公开宣称的，所以，我们不耻于在心理想的，就无须耻于开口说出来。

"否则，友谊将如何可能？人如果不是出于自身对另一人的爱，怎么可能成为对方的朋友呢？我们的'友谊'就是源于'爱'这个词，它的意思不就是希望某人获得最大的益处，尽管我自己不能从中得到任何好处？他说：'它使我成为一个无私的朋友。'不，也许它使你看起来如此，事实上不是；除非你真的是无私的，否则就不可能成为无私的朋友；而你要成为一个无私的朋友，唯有感受到真诚的爱。这爱并非总是源于对利益的估计，而是一种自发的、自己涌现出来的东西。当然你会说，'我就是由利益引导的'。那么你的友谊的维持取决于利益；既然利益产生友谊，它也必然毁灭友谊。但是，请问，如果——情形常常如此——利益与友谊并不相连，你会怎么做呢？你会把朋友扔在一边吗？那算什么友谊？或者你仍然与他做朋友？然而，那样又怎能与你的原理保持一致呢？你要记住你自己所说的友谊是因为有利可图才是令人向往的。'如果我弃朋友于困境，就会不得人心。'那么首先，为什么这样的行为会不得人心，岂不就是因为这是可耻的事吗？如果你不抛弃朋友的原因是因为这样做会产生不利的结果，那么你为了使自己摆脱一种不利的关系，仍然会巴望他死。如果他不仅对你无益，而且还使你遭受财产的损失，让你受苦，给你惹麻烦，使你有生命危险，那又会怎样呢？你岂不是把利益考虑在内，认为每个人生来就是为了自己，为了自己的快乐？你愿意为朋友把自己的生命交给暴君作抵押，就像著名的毕达哥拉斯主义者①对西西里暴君所做的那样？或者作为毕莱得

---

① 芬提亚斯（Phintias）在叙拉古（Syracuse）的"暴君"狄奥尼修（Dionysius）面前为朋友达翁（Damon）求情；狄奥尼修赦免了他们俩，还恳求成为他们俩的朋友。

斯（Pylades），① 你能说自己是奥瑞斯特，愿替朋友死吗？或者假设你是奥瑞斯特，你会说毕莱得斯在说谎，并表明你的身份？如果他们不相信你，你甘心两人死在一起而不做任何求告吗？

25. "是的，塔奎图斯，你本人必会这样做；我不相信对痛苦或死亡的恐惧会使你放弃高贵的行为。但问题不在于什么行为与你的个性一致，而在于什么行为与你的教义一致。你所主张的体系，你所学习并接受的原理，必然破坏友谊的根基，不管伊壁鸠鲁事实上怎样赞美友谊，把它高举到天上。'但是，'你告诉我，'伊壁鸠鲁本人有很多朋友。'谁会否认伊壁鸠鲁是个好人，一个善良而谦卑的人？我们讨论的是他的思想，而不是他的品质。我们可不能像轻率的希腊人那样，对不同意见的人恣意攻击、侮辱，这是坚持错误意见的恶习。伊壁鸠鲁可能是一个善良而忠诚的朋友；但如果我的观点是对的（我不会武断），他不是一个非常敏锐的思想家。'但是他有很多学生。'是的，也许他能吸引许多学生，但数量的多少并不等于意义重大；因为与每一种技艺或学习领域，或者任何一门学科一样，在正当的行为本身中，至高的美德是极其稀罕的。我知道，伊壁鸠鲁本人确实是个好人，许多伊壁鸠鲁主义者都忠实于朋友，以前如此，现在也如此，一生言行一致，光明磊落，一举一动无不恪尽职守，而不是为了快乐——所有这些只能加强道德之善的价值，减弱快乐的价值。事实上，有些人的生活和行为恰恰驳斥了他们所宣称的原理。大多数人都是说得好听，做得不怎么样；而这些人在我看来恰恰相反，做得比他们说得要好。

26. "不过，我得说这有点离题了。让我们回到你关于友谊

---

① 参 V. 63. 西塞罗指帕库维乌斯的 *Dulorestes* 里的一幕，塔乌里王托亚斯（Thoas King of the Tauri）想要杀带到他面前的两个俘虏中的一个，这个就是奥瑞斯特。

所说的话。从你的其中一句话里我似乎看出伊壁鸠鲁本人的说法，即友谊不可能与快乐分离，友谊是值得培植的，因为没有它我们就不可能有安全的生活，不可能免受惊吓，因而就不可能安居乐业。对此我们已经回答得够多了。你引用了比较新近的伊壁鸠鲁主义者另一句更合乎人性的格言，据我所知，导师本人从没有说过这样的话。其大意是说，虽然一开始我们渴望某人的友谊是出于实用的原因，但是当亲密关系发展起来之后，我们对朋友的爱就是为了朋友本身，即使不能指望有任何快乐，也必如此。对此，我可以从几个方面予以驳斥，但我不想驳斥，因为我的论证已经非常充分，他们的证据却还远远不够。从这句格言看，无异于说道德行为——就是完全不是出于对快乐的指望或欲求而激发的行为——有时候是可能的。你继而说，其他思想家还论到智慧者签署某种协定，对他们的朋友要如同对自己一样；这（你说）是可能的，事实上这样的情形常常出现；而且这非常有益于获得快乐。如果人们真的签署了这种协定，就请他们再订一个协议，要爱公正、自制以及一切美德，为它们自身而爱它们，不求任何回报。如果相反，我们培养友谊是为了它们所带来的结果，为了利益和实用，如果友谊不包含任何感情色彩，不在于它本身，也不为了它本身，不是出于本能自发地追求它，那么我们岂不是要怀疑友谊比土地、房产更有价值吗？你再重复伊壁鸠鲁对友谊的溢美之词也无济于事。我不是问伊壁鸠鲁实际说了什么，而是问他一边坚持所宣称的理论，一边又说这样的话怎么能自圆其说。'寻求友谊最初是出于实用的动机。'好，但是我想你肯定不会认为这里的忒莱阿里乌斯（Triarius）是比普特奥莱（Puteoli）的粮仓——如果它们是你的——更有价值的财产。引用伊壁鸠鲁主义常说的一些格言：'友谊是一种保护。'你能够自己保护自己，法律也能保护你，通常的友谊又提供足够的保护；你必变得非常强大，看样子谁也无法鄙视你，同时仇恨与嫉妒则很容易避免——伊壁鸠鲁订立规则就是为了做这样的事！无论如何，你既有如此巨大的一笔收入可以随意挥霍，当然可以不要我们所说的那种浪漫友谊了；会有很多人祝福你，非常有效地保护你。但可有一个知己，如俗话所说的，与你'同甘共苦'，分享你的一切秘密和私事？你最好的密友就是你自己。你也可能信任一个普通的朋友，但假设友谊包含你所说的利益，那么，与如此巨大财富的好处相比，利益又算什么呢？你明白如果你用友谊自身的魅力来衡量它，它的价值就无与伦比，然而用利益的尺度来衡量，最深厚、最亲密的友谊都不如一笔可观的财产更值钱。所以，如果我们是真正的朋友，你就必须爱我本人，而不是爱我的财产。

27. "我们在这个显而易见的问题上已经纠缠得太长了。事实上，我们已经令人信服地证明了：如果快乐是唯一的准则，美德或友谊就不可能有任何立足之所，既然如此，就没有必要再继续讨论了。不过，我还是不希望你认为我没有回应你的观念，所以现在我要用简短的话来回应你的其余论述。哲学的整个目的和目标就是获得幸福；渴望幸福是引导人从事这种学习的唯一动机。但不同的思想家认为幸福在于不同的事物。根据你们学派，幸福在于快乐，相反，不幸只是因为痛苦。那么就让我们先来检查你们所认为的幸福是什么东西。我想，你必会承认，如果存在着幸福这样的东西，智慧者必然是能够完全获得它的。如果幸福一旦得到就会丧失，那么幸福的生活就是子虚乌有。试想，一种可灭的、不安全的财产，谁能保证永久、安全地拥有？人既不敢确定自己拥有的财物是永久的，就不可避免地担心，唯恐有朝一日失去它们，从而陷入不幸境地。人对至关重要的事也感到不安，那是不可能幸福的。因而，根本没有人会感到幸福。我们通常说到一种幸福的生活，不是指生活的某一部分，而是指一生的生活——事实上'一生'就是指结束了、完成了的生命——也不可能指有时候幸福，有时候不幸。须知，认为自己可能不幸的人是不可能幸福的。幸福一旦获得，就如智慧——它是幸福的动力因——一样，是恒久的；它不会等候我们必朽生命的终结，就如梭伦在赫罗多图（Herodotus）的历史中警告克洛伊苏斯（Croesus）那样。

"有人也许会反驳，比如你就会这样说，伊壁鸠鲁认为时间不能增加幸福，短暂的生命也能享有很多的快乐，多得好像永恒。在这一点上，他完全是自相矛盾的。他认为至善就是快乐，然而他又说，无限的生命并不比有限的生命产生更大的快乐。如果一个人发现唯一的善在于美德，他就可以说幸福生活因美德的完满而完满，因为在他看来至善并不随时间的流逝而增加。但如果认为幸福是由快乐产生的，怎么能否认快乐随时间的延长而增加呢？如果快乐不随时间增加，痛苦也同样如此。或者反过来说，如果持续的时间越长，痛苦就越深，那么就快乐来说岂不是时间越长就越令人向往？既然如此，伊壁鸠鲁又凭什么说神是幸福而永恒的？约维（Jove）除了有永恒生命外，并不比伊壁鸠鲁更幸福，他们俩都享有至善，也就是快乐。'噢，不过，伊壁鸠鲁还会感到痛苦。'你说。没错，但是痛苦对他来说无所谓，因为他告诉我们，即使他被烧死，[1] 也会感叹道，'这是多么愉快啊！'所以，除了不能永生外，他哪一点比神逊色呢？而永生与至高的、永恒的快乐相比又有什么好处呢？如果说话前后不一，那么夸夸其谈又有什么用呢？身体上的快乐（你若是愿意，我要加上心灵上的快乐，只要把这种快乐理解为——如你所认为

---

[1] 即在法拉里（Phalaris）的铜牛里。

的——源于身体）构成了幸福；但是谁能保证智慧者永远有这种快乐？因为产生快乐的事物不在智慧者的掌控之中；幸福不在于智慧本身，而在于获得智慧追求快乐的手段。然而快乐的一切手段都是外在的，凡外在的东西必然依赖于偶然。所以，幸福就成了命运的奴隶；但伊壁鸠鲁又说，命运虽然对智慧者有干扰，但微乎其微！

28. "你会说，'算了吧，这些都是微不足道的异议。智慧者赋有大自然本身的财富，而这些财富，如伊壁鸠鲁所表明的，是很容易获得的。'这话说得精彩，我没有异议；但伊壁鸠鲁自己说的话自相矛盾。他告诉我们说，最简单的食物，也就是说最便宜的饮食所提供的快乐并不比最豪华的宴席所提供的快乐少。就我来说，如果他说不论吃什么食物对幸福没有区别，那么我不但表示同意，还会拍手称好，因为他说的一点没错，这就是真理。我会听从苏格拉底，他说最好的食物是饥饿，最美的饮料是干渴，可见他认为快乐毫无价值可言。但我不会听从把快乐当作唯一标准的人，这人行为像格罗尼乌斯（Gallonius），说话则像节俭者庇索（Piso），我不能相信他，他的真诚委实可疑。他说自然财富容易获得，因为自然很容易满足。毫无疑问——要是你们伊壁鸠鲁主义者不那么强调快乐，那必如此。他说，最廉价的东西所产生的快乐与最昂贵的东西一样多。天哪，他的味觉必然与他的智力一样迟钝。鄙视快乐本身的人可以说，鲟的价值并不比西脿①更大；而一个把至善归于快乐的人必须按感觉而不是按理性来判断一切，必须把那些最令人快乐的称为最有价值的。然而，我们不妨同意他的观点，就让他从廉价物中获得最大的快乐，只要他能，我一

---

① 产于欧洲的可食小海鱼。——中译者注

点不在乎；就同意在西芹沙拉——据色诺芬（Xenophon）记载①这是波斯人最基本的一道菜——中获得的快乐与柏拉图严厉批评的叙拉古宴会的快乐一样多；我说我们承认快乐就如你们学派所说的那样容易获得，那么我们对痛苦该说什么呢？痛苦可以使人备受折磨，甚至使幸福成为遥不可及的事，也就是说，如果痛苦真的是至恶，就没有幸福可言。梅特罗多鲁几乎就是伊壁鸠鲁第二，他本人这样描绘幸福（我引的几乎就是他的原话），幸福就是‘良好的健康，并且保证这种状态一直持续’。有谁能保证自己的健康——我不说一年以后，就说今晚——谁能保证？由此可见，我们永远不可能消除对痛苦的忧虑，而痛苦就是至恶，即使它现在还未出现，但任何时候都可能临到我们身上。既然头上萦绕着这至恶，我们的生活怎么可能幸福呢？‘但是，’他反驳说，‘伊壁鸠鲁教导的一种方法可以无视痛苦’。首先，仅这种无视至恶的想法就是荒谬的。不过，敢问这种方法是什么？他说，‘最大的痛苦是短暂的’。首先，你说的短暂是什么意思？其次，你说的最大的痛苦是什么意思？最大的痛苦不可能持续几天吗？你会发现它要持续数月！除非你说的痛苦一发作就在瞬间置你于死命。但这样的痛苦谁也不怕。我希望你还是想法减轻巨大的痛苦，如我在优秀而亲密的朋友马库斯的儿子格奈乌斯·奥克塔维乌斯（Gnaeus Octavius）身上所看到的那种痛苦，不是只降临一次，只持续一会儿，而是不断经历，而且时间非常漫长。老天啊，他遭受了怎样的折磨！他的所有关节都好像在火中灼烧。但你不认为他可怜，因为这样的痛苦不是至恶——只是备受折磨而已。倘若他的一生充满放荡、淫邪，沉浸在各种享乐之中，那他的生活才是悲惨的。

---

① 参见 *Cyropaed*. I. 2. 8。

29. "至于你们的格言，大的痛苦时间短，长的痛苦程度轻，我实在不明白是什么意思。因为我看到许多痛苦既是程度深的，又是时间长的，忍受痛苦的真正方法是另一种，但你们这些不因为道德价值本身而爱它的人是无法使用的。勇敢有自己的规范和准则，就是关于控制力的准则：人不能在痛苦中显出女子般的软弱。所以，在我看来，可耻的不是感觉到痛苦（这常常是无法避免的），而是菲罗克泰特（Philoctetes）的哭声震天，连'列姆诺斯（Lemnos）的岩石都震骇'：① '直到不会说话的石头也悲鸣，回应他的哭泣、诉说，他的哀怨、号啕。'他的'血脉和神经充满蛇的毒牙里流出的怨恨，可怕的痛苦阵阵袭来'，就让伊壁鸠鲁用他的咒语——如果他能——来安慰他：'菲罗克泰特！如果痛苦很大，就必是短暂的。'但是他在过去十年里一直在自己的洞穴里受着煎熬。'如果痛苦持续很长，就必是轻的，因为有停息的间隔。'首先，事实往往不是这样的；其次，刚刚过去的痛苦还鲜明地留在记忆里，不久又要临到的痛苦更令人恐惧，此种情形下，短暂的间歇又有什么用呢？那就让他死吧，伊壁鸠鲁说。也许那是最好的路，但关于'快乐始终占上风'的格言是怎么回事？果真如此，你建议他结束生命难道不觉得是在犯罪吗？所以，我们最好还是告诉他，在痛苦面前丧失勇气、受其控制，这是可耻、懦弱的。至于你们学派的格言'强的就是短的，长的就是轻的'，那是陈词滥调。美德、宽容、忍耐、勇敢——正是这些品质才是消减痛苦的安慰剂。

30. "但我不能离题万里。让我复述一遍伊壁鸠鲁临死前的遗言，以此证明他的做法与他的原理之间的不一致。他说，'赫尔马库斯（Hermarchus），你好。我在这生命中最快乐也是

---

① 可能引自阿提库斯 *Philoctetes*。

最后的一天写下这些话。我患了最严重的膀胱病和肠疾。'可怜的人！如果痛苦是至恶，就只能这么说了。但我们还是来听听他自己是怎么说的。'然而，我回想起自己的理论和发现，它们带来的快乐把我的一切痛苦都抵消了。你年轻时就一直对我忠心耿耿，对哲学满腔热忱，请你以这份忠诚发誓，要保护好梅特罗德鲁的孩子。'我读到这里，就想起埃帕米诺达斯和列奥尼达斯的死，伊壁鸠鲁死的情景可以与他们相提并论。埃帕米诺达斯在曼提尼亚（Mantinea）打败了拉尔代蒙人（Lacedemonians），自己也受了致命伤，昏迷不醒；当他渐渐苏醒，一睁开眼睛就问他的护卫可安全，随从流着泪告诉他很安全。他又问，敌人可被击溃？当这个问题也得到了满意的回答之后，他就命令他们把刺进他肋旁的长矛拔出来。长矛一拔出，鲜血喷涌而出，他就带着胜利的喜悦闭上了眼睛。列奥尼达斯是拉尔代蒙人的王，当他必须在可耻的逃跑与光荣的死亡之间作出抉择时，他选择了后者，领着从斯巴达（Sparta）带来的三百战士在塞谟比拉（Thermopylae）迎战敌人。伟大指挥官的死是人尽皆知的，但哲学家一般都死在床榻上，不过，他们怎样死法仍然是有意义的。伊壁鸠鲁认为自己的最后时刻是幸福的。一切荣耀归于他。'我的快乐，'他写道，'抵消了最大的痛苦。'这是一个哲学家的话，伊壁鸠鲁的话，我不得不注意；但是你忘了按逻辑你应该怎么说。首先，如果记忆中的那些事物——你说你从中得到了快乐——也就是你的作品和理论发现都是对的，那你就不可能真的感到快乐。所有与身体相关的感觉在你都已经过去了；但你始终坚持认为人若不是基于身体就不可能有快乐或痛苦的感觉。你说：'我从自己过去的感觉中得到快乐。'过去的什么感觉？如果你指的是身体的感觉，我注意到抵消你当下痛苦的不是关于身体之乐的记忆，而是你的哲学理论；如果是指心里的感觉，那么你的理论即若不最终与身体相关就没有心灵的喜乐就是错误的。其次，你为什么要保护梅特罗多鲁的孩子？你遵循什么身体快乐的标准作出这么不凡的忠诚和尽职的行为（这是我所尊敬的行为）？

31. "是的，塔奎图斯，你们学派的人可能喜欢随心所欲地改变和歪曲，但你在伊壁鸠鲁这封著名的书信里找不到一句话与他的教义一致、相合。因此他自己驳斥了自己；他的理论被他正直的品质所证伪。他如此安排人关照朋友的孩子，如此忠于友谊和感情，在生命的最后一刻还恪守这些庄严的职责，这就表明人天生就有一种无私和正直的品质，不是由快乐引起的，也不是由奖赏和回报诱发的。看到一个临死的人身上还有如此强烈的责任感，我们还需要找另外更清楚的证据来证明道德和正直是因其本身而令人向往的吗？不过我想，我几乎是逐字逐句翻译过来的这封书信诚然非常可敬——尽管与他的哲学宗旨完全不一致——但我还是认为他的遗愿不仅完全与一个哲学家的尊严不吻合，而且也与他自己的宣称不一致。因为他在我刚刚提到的那本书里不断详尽地，有时也简洁、直接地指出：'死对我们毫无影响；因为经历分解的事物必然没有感觉，而没有感觉的东西无论如何也不会对我们有任何影响。'这样的格言很可能已经作过更好更简洁的表达。因为这里的'经历分解的事物必然没有感觉'这话没有说明经历分解的事物是什么。尽管如此，我还是明白他意指的含义。我想要知道的是：如果一切感觉都因分解也就是死亡而消失了，如果再没有剩下任何东西能影响我们，那么他为何还作出如此精细的安排和规定：'他的后裔阿米诺库斯（Amynochus）和提摩格拉底斯（Timocrates）要在与赫尔马库斯商量之后拨出足够的钱庆祝他每年格梅尼奥（Gamelion）月的诞辰，还要在每月的二十日拿

出一笔钱宴请他的哲学同学，以永远纪念他和梅特罗多鲁？'
这些话是出自一个和蔼可亲的人之口，这点我不否认；但一个
哲学家，尤其是一个自然哲学家——这是伊壁鸠鲁自己所宣称
的——有什么必要去思考哪一天是某人的生辰？难道曾经经历
的那一天能一次又一次地重现？这当然是不可能的。或者重现
的是类似的一天？这也是不可能的，除非是说经过几千年的间
隔之后，所有天体同时回到它们的出发点。① 由此可见，根本
就没有某人的生日这样的事。'但某一天是如此受人重视。'多
谢这样的信息！但是，即使承认有生日，人的生日是在他死的
时候过的吗？并且通过遗愿安排这样的事——这与一个用神谕
的口气告诉我们死后没有什么东西能影响我们的人相适应吗？
须知，作出这样安排的人的'理智早已漫游'在无边无际的太
空中无数的世界和无穷的领域里。德谟克利特做过这样的事
吗？（我不提其他人，只提这位哲学家，因为他是伊壁鸠鲁唯
一的导师）如果有某个特殊的日子要守，他为何选择出生的日
子，而不是他成为智慧者的日子？你会说他若不先出生，就不
可能成为智慧者。若此，你也完全可以说，如果他的祖母没有
出生，他也不可能有朝一日成为智慧者。希望死后人们设宴纪
念他的名这种观念也与一个有学识的人格格不入。我不是指你
守纪念日的方式，或者你从富有幽默感的人那里学来的机智的
词锋。我们不想争论。我只是指出，纪念伊壁鸠鲁的生辰，与
其说应由他立遗嘱讨论，还不如说应由你来处理。

32. "回到我们的正题（我们原本在讨论痛苦的问题，由
此转到了伊壁鸠鲁的书信）。整个问题可以用三段论来表述：

---

① 这个观念见于柏拉图《蒂迈欧篇》39，古代天文学家接受了这个观点，算
出所谓的大年（Great Year）或者完年（Perfect Year）在12954太阳年。

一个人在经历至恶的时候不可能是幸福的；但智慧者总是幸福的，时而也经历痛苦；因而痛苦不是至恶。再者，所谓的格言：智慧者不会让过去的恩福在记忆中消退；忘记过去的不幸是人的一大职责，是什么意思呢？首先，我们有能力选择应该记住什么吗？当西蒙尼德（Simonides）或哪位提议要教塞米斯托克勒斯记忆术时，他回答说宁愿学遗忘术；他说，'因为我能记住甚至不想记住的东西，但无法忘记想要忘记的事物'。伊壁鸠鲁是个能力出众的人，但是无法改变的事实是，一位哲学家禁止我们记忆，他交给我们的担子也未免太重了。没错，你与你的祖先曼利乌斯（Manlius）一样是个令行禁止的人，也许可以说比他更甚，但你能命令我做我力所不能及的事吗？如果关于过去之恶的记忆事实上使人感到快乐，那又怎样呢？那就表明某些格言比你们学派的宗旨要更正确。有一个流行的说法，大意是说'劳苦一旦过去，快乐接踵而至'；伊壁鸠鲁也写得很好（我会努力翻译过来，但希腊词句是你们众所周知的）：'关于痛苦过去的记忆是甜美的。'① 我们回到关于过去恩福的问题。如果你们学派的意思是说，盖乌斯·马利乌斯（Gaius Marius）可以求助于以往的成就，使他在一文不名地流放到沼泽地时能够凭借对先前功名的回忆减轻痛苦，那么我不会有意见，而会毫无保留地同意。事实上，如果智慧者的一切智慧计划和良善事迹都从记忆中完全抹去了，那他的幸福就不可能获得最终的完满。但对你来说，产生幸福的正是对曾享有的快乐的回忆，那必是身体的快乐——否则，精神的快乐全都源于心灵与身体的联系这话就不对了。然而，如果身体的快乐即使消失了也仍然给人快乐，那我就不明白亚里士多德为何如

---

① 出自佚失的 *Andromeda*。

此鄙视萨达奈帕洛（Sardanapalus）的墓志铭。这位著名的叙利亚君主夸口说，他把曾经享有的所有感官之乐都随身带走了。亚里士多德问，就是人活着的时候也只能在他真实享受的时候才能意识到的感觉，一个死人怎么可能继续感受呢？所以身体的快乐是短暂的，转瞬即逝，徒留遗憾，哪里谈得上回忆。这样说来，埃弗利卡努斯可以说肯定比萨达奈帕洛更快乐，因为他对自己的国家说：'罗马，您没有敌人了——'然后充满自豪地总结说：'我的劳苦已经为您赢得战争的胜利。'① 他过去的劳苦就是他的喜乐所在，但是你却要求我们依靠我们过去的快乐；他回忆的经历与身体的喜乐毫无关联，你却从未超越身体。

33. "另外，你如何可能捍卫你们学派的格言——所有精神的快乐和痛苦都基于身体的快乐和痛苦？塔奎图斯，难道你就从来没有过因某事本身的缘故而产生喜乐的感觉？我略过道德、善以及美德的内在美这些我们前面说过的话题不说，只字没提那么严肃的话题，比如读诗、写诗或者读写演讲稿，学习历史、地理、雕塑、绘画，欣赏风景、游戏、野兽表演、鲁库鲁斯（Lucullus）的乡村别墅（我不说你自己的，不然就会被你钻空子，你会说这是身体愉悦的一种源泉）；就拿我提到的这些东西来说，你能把它们与身体感受联系起来吗？难道没有什么是其本身为你提供愉悦吗？你若坚持将我列举的快乐追溯到身体，那表明你对讨论无动于衷；你若宣布放弃这样做，就得完全放弃伊壁鸠鲁的快乐观。

"至于你所说的精神的快乐和痛苦比身体的大，因为心灵能领会时间的三个阶段，而身体只能感知到当下的感觉，可以肯定，说一个与我同乐的人比我自己感受到的快乐更多，这是荒谬的

---

① 显然出自恩尼乌斯的 *Annals*。

（心灵的快乐源于对身体快乐的感应，心灵的快乐比身体的快乐大，因而可以推出，祝贺的人比被祝贺的人感到更多的快乐）。但当你试图证明智慧者因为享有最大的精神快乐所以是幸福的，这些精神的快乐比身体的快乐要大得多，此时你没有看到自己所面临的困难。因为由此可以推出，他所经历的精神的痛苦也比身体的痛苦大得多。因此，你坚持认为永远快乐的人不可避免地时时处于悲惨境地；只要你把快乐和痛苦当作唯一的标准，你就永远不可能证明他是始终幸福的。所以，塔奎图斯，我们必须为人找到另一种至善。我们不妨把快乐留给低级动物——在这个至善的问题上，你们学派喜欢求助于它们的证明。然而，就是动物也会因自然的某些刺激做出许多行为，令人信服地证明它们的目的不是快乐，而是另外的东西，那你会怎么想呢？有些动物甚至冲破重重困难表现出仁义，比如生产并养育自己的幼崽；有些喜欢奔跑和漫游；有些群居，还创造出类似于社会规范的东西；在某个鸟类中我们看到类似于感情的迹象，还有认知和记忆；我们甚至注意到许多动物会为失友而伤悲。因而，如果连动物都拥有类似于与快乐无关的美德的东西，人类自己却不重视美德，只把它当作追求快乐的手段，这是何等的荒唐？我们能说如此超越于一切动物的人，自然竟没有赋予他特别的天赋？

34. "事实上，如果快乐在一切之上，为一切之主，那么低级动物该比我们人高级、杰出得多。动物无须劳作，大地本身从其宝库里慷慨地为它们提供丰富而充沛的供给；而我们流尽汗水也只能维持温饱而已。然而我不可能认为至善对野兽与对人是相同的。我们庞大的文化机器，伟大的自由探讨的团体，美德的良好关系，如果所有这些都只是为了追求快乐，那么它们有什么用？设想一下，当薛西斯（Xerxes）领着巨大的舰队，带着骑兵和步兵，在赫勒斯庞特（Hellespont）上架桥，开通埃托斯（Athos），越过海洋，跨过陆地——设想当他带着巨大的舰队抵达希腊时，有人问他为什么要带上这些庞大的战争工具，而他回答说他想要从赫梅图斯（Hymettus）弄到点蜜！人们肯定会认为这样的动机与如此兴师动众的举止完全不相称。我们的智慧者也是这样，装备、赋予了一切最高贵的教养和美德，虽然没有像薛西斯那样用脚穿越海洋、坐船翻越高山，却在精神上拥抱整个天空、大地和海洋——说这样的人的目的是快乐，就如同说他的一切不凡努力只是为了小小的一滴蜜。

"不，塔奎图斯，请相信我，我们生来是要追求更高更好的目的。不仅智性能力证明了这一点，包括能记住无数事实的记忆力，就你来说，实在记忆惊人；预见将来的能力；控制欲望的自制感；对公正的爱，对人类社会的忠实护卫，对痛苦和死亡的鄙视；要忍受艰苦，经历危险时坚毅不动摇。这些都是我们心灵的财富。我还希望你能考虑我们的实际肢体，考虑我们的感觉器官，它们像身体的其他部分一样，你尊敬它们不只是把它们看作忠实伙伴，实际上它们是美德的仆人。若说身体也有许多属性是比快乐具有更高价值的，比如力量、健康、美、速度，更何况心灵呢，你该如何思考它？古代最智慧的哲学家相信心灵包含属天的神圣元素。然而，如果至善如你们学派所说的在于快乐，幸福的理想就必然是在最强烈的快乐中享受日日夜夜，一刻都不中断，每种感官都浸淫快乐，各种快乐都刺激着感官。但是配称为人的，有谁会选择在这样的快乐中生活，哪怕是过一天呢？当然，昔勒尼学派不会拒斥；在这一点上，你的朋友更高雅，但昔勒尼学派可能更一致。这些至关重要的'技艺'，[①] 人只要有所缺乏，我们的祖先就会称之为'迟钝呆滞的'或懒惰无用的，我们先不论这些东西，

---

① 即美德。

只问你是否相信菲狄亚斯（Phidias）、波吕克莱托（Polyclitus）和芝西斯（Zeuxis）——我不说荷马、阿凯劳库斯（Archilochus）或品达（Pindar）——认为他们的技艺是以快乐为目的的。试问，一个工匠能想象出一个比富有道德之美的杰出公民更高的理想形象吗？然而，产生如此巨大又广为流传的错误的原因不就是在于，认为快乐就是至善的人不是用他心灵中的理性和思考部分，而是用其低级部分即欲望来论断问题吗？我问你，如果诸神存在，你们学派也相信这一点，但是他们没有身体，无法享受身体之乐，那怎么能幸福呢？如果他们没有那类快乐也仍然是幸福的，那你为何否认智慧者也同样能够有纯粹的精神活动？

35. "塔奎图斯，请读一读颂文，不是荷马所赞美的英雄们的颂文，不是居鲁士（Cyrus）或埃格西劳斯（Agesilaus）的，亚里斯提德（Aristides）的，或塞米斯托克勒斯的，菲利普（Philip）或亚历山大（Alexander）的，读一读我们自己的伟人所流传下来的颂词，读一读你自己家族的颂词。你找不到有哪个人是因为他追求快乐的技巧和机智而受赞颂的。快乐也不是墓志铭所要表达的，如城门附近的那句碑文：

> 这里长眠的是众望所归的
> 罗马第一位最伟大的公民。

我们能设想卡拉提努斯（Calatinus）是因为追求快乐的杰出能力而被举国公认为罗马最伟大的公民吗？如果我们认为一个年轻人倾向于学习自己感兴趣的东西，所行之事全是为了自己的利益，那么我们能说他是一个有远大前途、高尚品质的年轻人吗？我们难道没有看到从这样的一条原理会导致怎样巨大的动荡和普遍的混乱？它废除了慷慨和知恩图报这两条维持和谐的纽带。如果你借人钱财是出于自己的利益，这种行为就不能算是慷慨的行为——而是放高利贷；为赚钱而也借钱财的人也得不到别人的感恩。事实上，如果快乐占据最高位置，一切重要美德就必然失去其王位。我们若不承认道德之善至高无上这条自然法则，就很难证明大量恶劣品质与智慧者的品质有无不一致。我们无须再进一步推论（这样的推论在数量上是无穷的），只要赞颂美德，就必然要与快乐保持一定距离。我不会再进一步论证这个观点，你反观自己，从你自己的良知中就可以知道。你只要全面、认真地内省，然后问问你自己，你是愿意终生处于那种你如此频频谈论的平静状态，享受无尽的快乐，摆脱一切痛苦，甚至（你们学派喜欢加上这样的假设，但事实上是不可能的）摆脱对痛苦的一切恐惧，还是愿意成为一个对人类有益的人，给患难中的人们带来救助和平安，不惜忍受赫尔库勒斯（Hercules）的悲痛（dolours）？Dolours——这个表示忧伤、悲痛的名词，实在是我们祖先为形容谁也无法避免——即使神也不例外——的劳苦而想出来的。我想提出这个问题，看你怎么回答，然而又担心你会说，赫尔库勒斯亲自劳作，为保护人类不辞劳苦，他这样做就是为了快乐之故！"

这就是我的结论。塔奎图斯说，"我对你所提到的那些权威一点也不怀疑。我也可以身体力行，但我宁愿找到装备得更好的斗士。""毫无疑问你是暗指我们的朋友——高尚而博学的西罗（Siro）和菲罗德姆（Philodemus）。""没错，"他回答，"那很好，"我说，"不过，让忒莱阿里乌斯对我们的争论作个裁决可能会更公正。""我坚决反对，因为他有偏见，"他笑着说，"至少在这个问题上。感谢你给予我们的慷慨，但是忒莱阿里乌斯像个真正的斯多亚主义者那样攻击他。"忒莱阿里乌斯插话说，"我下次会攻击得更大胆，因为我刚刚听到的这些观点随时都可以引用，不过，在你还没有从你所提到的导师那儿得到良好训练之前，我不会攻击你。"讲完这些话，我们就结束了散步，讨论也告一段落。

第 三 卷

1. 亲爱的布鲁图——假如快乐只是自己辩护，而不是像现在这样有如此令人敬畏的拥护者捍卫她，我相信她必输无疑。如果我们前一卷的论述已经把她打败，她就该承认真正的价值得胜。事实上，她在与美德的争战中若是固执己见，把令人高兴的东西列在道德的善之上，或者坚持认为身体的快乐或者从中产生的精神的感激比坚毅而高贵的品质价值更高，那就是不知羞耻了。所以我们务必拒斥快乐，命令她留在自己的范围之内，免得她的妖媚和甜言蜜语成为严肃的哲学讨论中的陷阱。我们现在面临的问题是，哪里能找到我们所探讨的对象即至善？我们已经摒弃了快乐，至于善的目的在于没有痛苦的理论，也几乎遭到同样的驳斥；事实上，没有美德因素的至善是不可能接受的，美德是一切存在中最杰出的事物。

因此，我们与塔奎图斯的争论诚然没有白费力气，但我们现在还面临与斯多亚学派的更激烈的论战。其实，快乐并不是非常棘手、需要深入讨论的话题，它的维护者都不善于论辩，所以，他们的对手面对的不是什么难以驳倒的案子。事实上，伊壁鸠鲁本人就说根本不必为快乐论辩，它的准则在于感觉，所以证明完全是多余的，所需要的不过就是提醒人们注意事实就可以了。因而，在我们前面的争论中，双方的陈述都比较简单。塔奎图斯的叙述没有任何深奥或者复杂的东西，而我自己的阐述，我相信也是一目了然的。但是，斯多亚学派，如你所知道的，爱卖弄极其微妙，甚至细微得难以辨认的论证风格。如果希腊人觉得如此，更何况我们，因为我们实际上得造出新词汇、新术语来表达新的思想。稍有知识的人都不会对这种必然性感到吃惊，只要想一想在日常习俗之外的每一个学科，若要用某一术语来表示该学科所讨论的概念，就必然会有相当陌生、新奇的词汇。因而逻辑和自然哲学都会使用一些连希腊人都不熟悉的术语；几何、音乐、语法也有各自的习语。连修辞手册，虽然完全属于实践领域，属于世俗生活，也会出于教导的目的使用一种私人的、独特的措辞。

2. 不说这文科七艺和才艺，就是工匠，若不使用一些我们所不认识（当然他们自己是熟悉的）的词语就不可能保存他们的传统手艺。不仅如此，农业原本是完全不受文字改良影响的学科，也不得不造出技术性词汇来表示它所涉及的事物。哲学家就更不用说了，因为哲学是关于生活的学科，不可能用街头语言来讨论它的主题。但是，在所有哲学家中，斯多亚学派在这方面一直是最伟大的革新者，他们的奠基者芝诺更是如此，与其说他是一位新思想的发现者，还不如说是新术语的发明者。若说如此博学的人，使用的语言公认比我们自己更丰富的人，也可以在讨论深奥话题时使用不熟悉的术语，更何况我们这些第一次试着接触这些话题的人，岂不是更有权利这样做？而且我们常说，在词汇的丰富性上，我们不仅不逊色于希腊人，而且事实上胜过他们，虽然这一点不仅希腊人表示抗议，那些宁愿被认为是希腊人而不是罗马人的人也表示反对。但是，无论如何，我们必须尽我们所能利用这样的权利，不仅在我们本土的技艺领域上，在那些属于希腊人特有的技艺上也如此。然而，按过去时代的惯例，我们已经用作拉丁语的词汇，比如"哲学"这个词本身，或者"修辞""逻辑""语法""几何""音乐"等，我们可以认为是我们自己的；只是概念诚然已经译成了拉丁语，但希腊术语在使用中更为人所熟悉。关于术语就谈到这里。

至于我的主题，布鲁图，我常常担心自己写这样的话题会受到你的指责，因为你本人在哲学上以及哲学的最高分支上[①]的造诣如此之深。倘若我是抱着教导的态度，这样的指责就是理所当然的。但是，我没有任何新的东西要传授给人的。我把自己的作品献给你，不是要教导你，你对此早已造诣颇深，而是因为你的名字给我一种极大的安慰，觉得你是支持我的，因为我发现在我们共同研究的领域中，你是一位极其公正的法官和批评家。因而你会给予我最深切的关注，如你常常所做的那样，担当我与那个杰出的天才，就是你的叔叔之间论战的裁判。

我原本住在自己图斯库鲁姆（Tusculum）的家里，因为想要从小鲁库鲁斯的藏书室借几本书参考，所以就去了他的乡间府邸，像往常一样，擅自拿取所需的书卷。我一进藏书室就看到马库斯·加图（Marcus Cato）坐在里面，我原本不知道他也会来这里。他身边堆满了斯多亚学派的书籍，因为你知道他对阅读如饥似渴，从来不知饱足，事实上，他常常在等候元老会议召开之时就在元老院里读书，勇敢面对群氓的无聊指责，他从不曾在公共事务中抢风头。所以，完全可以相信，当我看到他埋头在一大堆书里过一个完全的假日时，他看上去似乎沉迷在文学的海洋里，如果这样的词可以用来形容如此可敬的爱好的话。这样偶然相遇，我们俩都感到意外，他立即站起来，我们开始相互问候。"什么风把你吹来了？"他大声说，"我猜你是从你的府邸来的吧。我若早知你在那里，就能想到会遇见你"。"是的，"我回

---

① 即伦理学。

答，"游戏昨天开始了，所以我出了城，傍晚到的。我来这里是想要拿几本书。对了，加图，我想不要多久我们的朋友鲁库鲁斯就会认识到这是多好的藏书；我希望他在自己的藏书室比在他乡间府邸里的其他聚会中得到更多的快乐。我非常着急（当然责任特别在你），希望他受到良好教育，学习他父亲——我们亲爱的凯比奥的榜样，还有你，与他关系如此亲密，也是他学习的榜样。我关心他是完全有理由的，我对他祖父的记忆非常美好①（你知道我是如何尊敬凯比奥，我相信他若还活着，今天必是一流的人物）。鲁库鲁斯的形象也常常浮现在我的脑海；他是一个各方面都非常优秀的人，观点、意见都与我毫无冲突，我们的友谊也极为深厚。""我举荐你，"加图抗议说，"因为你忠诚地纪念把孩子留给你照顾的两人，还因为你对这小伙子的关心爱护。我自己的职责，如你所说的，我绝不能推卸，但我希望你与我分担这份责任。而且我可以说，这年轻人在自制和才智方面似乎已经显示出许多迹象，不过你知道他还太小。""是的，"我说，"不过现在还是应该让他尝一尝学习的味道，如果在这个易受影响的年龄让他浸淫在学习的海洋里，当他长大要应付生活的时候就会有备无患了。""没错，我们应对这个问题讨论几次，讨论得更详尽一点，然后采取一致的行动。"他说，"不过，我们先坐下来，行吗？"于是我们就坐了下来。

3. 加图接着说："请问，你要什么书还得跑到这里来找？你自己不是有那么多的藏书吗？""我来找一些注释亚里士多德的

---

① 小鲁库鲁斯的祖父塞维利乌斯·凯比奥（Q. Servilius Caepio）是公元前100年的财务官（quaestor，负责公库财务），死于公元前90年，当时西塞罗16岁。但他后面的话似乎是指另一个凯比奥，这个凯比奥未成年就死了；如果没死，在西塞罗写作的时候应该正是青春年华。这样看来，西塞罗必是指前一句里所说的凯比奥，即鲁库鲁斯的叔叔，他很可能留下遗嘱让西塞罗做他儿子的监护人，如以下所说。

书，"我回答说，"我知道这里有几本。我想在休假时读一读，我并非常有空闲时间。"他说，"我多么希望你能与斯多亚学派同甘共苦！所有人中唯有你可以指望把美德看作唯一的善"。"也许更应该指望你不要用新术语，"我回答，"因为你的思路实质上与我是一样的。我们在原理上是一致的，所不同的只是语言"。他反驳说，"事实上它们根本没有共同之处。一旦把道德价值弃之一边，宣称另一物是值得欲求的，把另一物看作善，就是把美德的光即道德价值本身熄灭了，从而也彻底地毁灭了美德"。"这些话听起来很好，加图，"我说，"但你是否意识到你这种高雅的主张与弗罗和亚里斯托是一样的，他们认为一切事物在价值上是相等的。我很想知道你对他们的看法"。"我的看法？"他说，"你问我的看法？那是些良善、勇敢、公正、自制的人，历史这样告诉我们，我们自己在公众生活中也亲眼所见，他们遵循大自然本身的法则，不借助于任何知识，行了许多高贵的事，这些人接受了自然的良好教诲，他们若是接受其他哲学体系，而不是把道德的高尚价值看作唯一的善，把道德的卑鄙看作至恶，那么他们从哲学所能得到的恐怕就没有这样美好的知识了。所有其他哲学体系，只要在善恶问题上不把德性作为一个因素，在我看来就不仅对我们成为良善之人没有任何帮助，而且实际上会败坏品德，尽管程度上不尽相同，但本质上是一样的。我们或者必须坚决主张，道德价值是唯一的善，或者完全不可能证明美德构成幸福。若是那样，我就不明白我们为何还要费力去学习哲学。既然智慧的人也可能是不幸的，我为何不更加重视你所夸口、赞美不绝的美德"。

4. 我回答说："你目前所讲的话完全可以说你就是弗罗和亚里斯托的门徒。你知道他们与你一样，都认为你所说的这种道德价值不只是最大而且是唯一的善；由此必然推出你所坚持的命题，即智慧者永远是幸福的。"接着我又问，"那么你是否举荐这两位哲学家，认为我们应当接受他们的这种观点？""我当然不会叫你接受他们的观点，"他说，"因为美德的本质在于根据自然本性选择事物，所以哲学家若是认为一切事物完全平等，完全抹杀善恶之间的分别，根本没有选择的余地，那就等于取消美德本身"。我回答说，"说得太好了，但既然你说唯有正当、道德的事才是善的，请问你是否也表达了与他们同样的观点，从而也取消了事物之间的一切分别？""没错，"他说，"如果我是主张他们的观点，当然也取消了事物的分别，但我并没有"。"是吗？"我说，"如果唯有美德，唯有这一样你称之为道德的、正当的、值得赞美的、适宜的（显然，多用几个同义词，可以更好地理解它的性质），若是那样，我得说，这就是唯一的善，此外你还会追求其他什么目的呢？或者，如果唯一的恶就是卑下、可耻、可鄙、邪恶、下流的东西（同样，多用几个术语使它的意思更加清楚），你还会说什么东西是必须避免的呢？"他反击说，"你完全知道我要说的是什么意思。不过，我怀疑如果我说得太简单，你就会从我的回答里抓住什么漏子。所以我不想一点一点地回答你。既然我们都有空，我想阐述芝诺和斯多亚学派的整个体系，除非你认为这样做不合适"。"不合适？"我叫道，"绝对不会。你的阐述对解决我们所讨论的问题极有帮助"。"那我们就来试一试，"他说，"尽管斯多亚的这一体系相当困难而且晦涩难懂。刚开始的时候，就是为表达它新创的观念而使用的一些希腊术语似乎也令人难以接受，当然现在由于天天使用，倒是为人熟知了。你认为拉丁术语怎么样呢？"我说，"关于这一点不会有任何困难。既然芝诺在创设出新的观念的时候可以造出同样从未听说过的术语来表述，为何不允许加图也这样做呢？当然以下这条规则也并不是硬性不能更改的，即如果有更熟悉的词语表达同样的意思，就应当用更贴切的对等词来表述。但那是生硬的翻译方法。事实上，我自己的做法就是，如果不能用一个词准确表达某个希腊词的意义，就用几个词来表达。同时，我认为我们完全可以要求在找不到现成的拉丁语的时候有权利使用某个希腊语。为什么准许用'ephippia'（鞍）和'acratophora'（装纯酒的罐子），却不能用'proegmena'和'apoproegmena'？当然，后两个词可以准确地译成'喜欢的'和'拒斥的'。""谢谢你的支持，"他说，"我自然会用你刚刚给予的拉丁对等词；在其他情形中，你若看到我有困难也请你助一臂之力"。"我会尽力而为，"我回答说，"不过，运气往往惠顾勇敢者，所以大胆尝试吧。我们还能找到比这更崇高的事业吗？"

5. 于是，他开始阐述："我接受其理论体系的那些人的观点是这样的，生命物一出生（那是真正的起点）就有一种自我依恋之感，一种自我保护的本能，喜爱自己的结构以及那些有利于保护这一结构的事物；同时，它憎恶破坏以及那些显得有破坏力的事物。为证明这一观点，他们指出，婴儿在还没有感受苦乐之前就渴望有利于其健康的事物，拒斥相反的事物；倘若他们不是对自己的身体有天生的爱恋，害怕破坏，就不可能这样。而他们若不是有自我意识，从而产生自恋之情，就根本不可能有欲望。由此可以说，正是自恋提供了活动的最初动机。相反，在大多数斯多亚主义者看来，快乐并不是本能冲动的最初目的之一。我非常赞同他们，如果我们认为自然本性把快乐置于最初的欲求目的中，恐怕会引出许多不道德的结果。我们热爱本能动机最初接纳的东西，这一点似乎无须进一步证明，只要指出一点事实，如果可以选择，人人都会说宁愿自己身体的每个部位都正常、完整，而不愿它们尽管尚可使用却有残疾或缺陷。

"同样，认识活动（我们可以称之为理解或感知；如果这些词都令人讨厌或者意思含糊，那就用'katalepseis'）——我们认为这些活动都属于其本身就值得接受的事物，因为可以说它们包含着真理的内容。这从孩子身上可以看到，他们常常因为用理性找到了什么东西而兴高采烈，尽管并不能从中获得益处。科学也是如此，我们是为科学本身而选择它们的，部分因为它们本身具有选择的价值，部分因为它们包含认识活动，也包含通过系统推论确立的事实。在思想上赞成错误的东西，如斯多亚学派所认为的，这比其他一切违背自然本性的东西更令我们反感。

"（再者，就身体的各肢体或各部分来说，有的显然是大自然考虑到它们的用途而赋予我们的，比如手、腿、内脏，至于它们的用途究竟有用到什么程度，连医生的看法也不尽相同；还有的没有实用目的，显然是为了装饰之用，比如孔雀的尾羽、鸽子的全身羽毛及其变换的颜色、男人的乳房和胡子。）① 这样说可能显得过于直截了当，因为我们讨论的是可以称之为最初的本能因素的东西，对这样的东西不能添枝加叶，不能渲染润色，我也无意这样为之。相反，讨论的话题如果是高深庄严的，表达风格就会自然地提升到与题目相应的高度，语言也会加强修辞，适应题目的高贵。""没错，"我回答，"不过在我看来，清楚地表达一个重要话题就是最好的风格。期望用一种华丽的风格谈论你所讨论的这类主题那是幼稚的。明智而有修养的人认为，能清楚明白地表达自己的意思就心满意足了"。

6. "言归正传，"他接着说，"我们已经偏离了最初的本能冲动——以后的各个阶段必与它们和谐一致——这个话题。下一步就是进行基本分类：一类本质上与自然一致的，或者所产生的东西是与自然一致的，因而包含一定的积极意义——斯多亚学派

---

① 这一插入段与上下文没有任何关联。

称之为'axia'，也就是'有价值的'——值得选择；另一类就是与前者相反的，他们称之为'无价值的'。由此就确立了第一条原理，即凡与自然一致的，其本身就是'可取的事物'，它们的对立面就是'应抛弃的事物'，第一步'适当的行为'（'appropriate act'，这是我对希腊语'kathekon'的翻译）就是保存自己的自然结构；第二步就是保留那些与本身一致的事物，摒弃相反的事物；当这条选择原理同时也是摒弃原理发现之后，接下来就是根据'适当的行为'选择，然后，这样的选择成为一种固定的习惯，最后，选择完全理性化，与自然本性一致。正是在这最后阶段，真正的善才首次显现出来，其真实的本性才得到领会。人的最初吸引力总是指向与本性一致的事物；但当他有了领悟力，或者毋宁说能产生'概念'——用斯多亚学派的术语就是'ennoia'——认识到支配行为的秩序，也可以说和谐，他就会转而尊敬这种和谐，其程度远胜过他最初产生的爱恋，再通过智性和理性的分析，推出结论说，人的至善就在这里，也就是因其本身而值得赞美、值得欲求的东西。由于这就是斯多亚所说的'homologia'，而且你也同意我们可以称之为'conformity'①——换言之，如我所说的，作为终极目的的善（其他一切都是为了达到这一目的的手段）就在这里，所以道德行为与道德价值本身，也就是唯一的善，尽管需要继续发展，仍然是唯一因其自身的效果和价值为人所欲求的事物，而最初的本能目的没有一个是因其自身的缘故为人所欲求的。但是，由于我所说的那些'适当的行为'是基于最初的本能目的，所以前者对后者有意义。由此可以恰当地说，一切'适当的行为'都意在获得本性最初的需要。然

①　"和谐地生活"，这是芝诺关于终极目的的格言；一般理解为"按和谐的计划生活"。克利赛斯补充说："按自然本性和谐地生活。"

而，不可以为这些需要的满足就是最终的善，因为道德行为不属于最初吸引本能的事物，而是从中生长出来的，也如我所说的，是后来发展出来的。同时，道德行为与本性一致，并远比早先吸引我们的一切目的更有力地激发我们的欲望。但是，在这一点上必须一开始就很当心，如果由此推出两个最终的善的观点那是错误的。比如一个人下定决心，拿矛或箭射中某个点作为自己的实际目的，但他的最终目的，与我们所说的至善相对应，应该是尽其所能直接命中，于是此人得尽一切努力直奔目标，然而，尽管他终于实现了这个目的，他的'终极目的'应该是与我们所说的至善相对应的生活中的行为举止，而实际射中的那个点，用我们的话说是'值得选择的'，而不是'应当追求的'。

7. "同样，因为一切'适当的行为'都基于最初的本能冲动，所以智慧本身也基于它们。然而，如我们常常看到的，一个人的朋友给他引荐另一个朋友，这人就会更加重视这个新朋友，胜过为他引荐的那个老朋友；同样，毫不奇怪，虽然我们最初的自然本能把我们举荐给智慧，然而，后来智慧本身比把我们引向智慧的本能更加为我们所爱。正如我们的肢体生成这样，大自然把这样的肢体赋予我们显然是为了某种生活方式，同样，我们的欲望功能，希腊语的'horme'，显然不是为人所选择的生活设计的，而是为某种特定的生活设计的，理性以及完全理性（perfected Reason）也同样如此。正如一个演员或舞者表演的是分派给他的某个特定的角色或舞蹈，同样，生活也必须以某种固定的方式展开，而不是按我们所喜欢的方式进行。这种固定的方式我们称之为'符合的'、合适的。事实上，我们并不认为智慧如同船舶驾驶术或者医学，倒更像我们刚刚提到的表演和舞蹈。它的目的，也就是技艺的实际施展，就包含在技艺本身里面，并不是某种外在于它的东西。同时，还有另一点表明智慧与这些技艺之间是不同的。就后者来说，一个动作无论表现得如何完美，也不必然包含各种姿态（所有的姿态共同构成这种技艺的主题），而就行为来说，如果你同意，我们可以称之为'正当行为'（right actions）或者'做得对的行为'（rightly performed actions），在斯多亚学派的术语里就是'katorthomata'，包含着美德的一切因素。唯有智慧才是完全自我包含的，而其他技艺都不可能。然而，把医术或者航海术的目的完全与智慧的目的相提并论是错误的。须知，智慧还包括宽容、公正以及高于人的一切事件的优越感，而其他技艺都没有。就是我刚刚提到的那些美德，也不是人人都能获得的，除非认识到一切事物除了道德上的高尚和卑贱之外都没有其他分别。

"现在，我们可以看到我所确立的原理如何惊人地支持以下推论。由于最终目的（毫无疑问你已经注意到，我一直把希腊语'telos'译成'最后目的'或'终极目的'，或者'至善'，'最后的或终极的目的'我们也可以用'目的'替代）就是按自然本性和谐一致地生活，所以必然可以推出，一切智慧者始终享有幸福、完美、幸运的生活，没有任何妨碍、干扰或缺乏。我们应当相信道德价值是唯一的善，这不仅是我正在讨论的哲学体系的重要原理，而且也是我们的生活和命运的重要原理。这条原理完全可以用华丽的辞藻详尽、完全、引经据典地铺展、叙述，但就我本人来说，我喜欢简洁、直接的斯多亚学派的'结论'。

8. "他们用以下三段论形式来表达他们的论点：凡善的都是值得赞美的，凡值得赞美的都是道德高尚的，因而，凡善的都是道德高尚的。你觉得这样的推论是否有效？肯定有效，因为你可以看到，从这两个前提必然能推导出这样的结论。通常的反驳是否认大前提，指出并非凡是善的都是可赞美的，因为小前提即凡是可赞美的都是道德高尚的是不可否认的。但如果认为有某种善不是值得欲求的，或者有某种值得欲求的东西不是令人愉悦的，或者即使令人愉悦却不是可敬的，这显然都是悖谬的，所以凡善的都是可赞同的，也是值得赞美的。而值得赞美的就是道德高尚的。因此，结论就是凡善的也是道德高尚的。

"接着，我要问，谁能夸口悲惨或不幸的生活呢？由此可知，唯有当人的命运是幸福的才能引以为自豪。这表明幸福的生活是值得人（可以这么说）自豪、夸口的事，而这样的生活不可能是任何一种生活，只能是道德高尚的生活。因而，道德生活是幸福的生活。赢得并配得赞美的人有独特的原因自豪和自满，而所有这些事的重要性在于，他可以恰当地被称为幸福的，因而这样的人的生活完全可以说是幸福的生活。这样说来，如果道德价值是幸福的标准，道德价值就必然是唯一的善。

"再者，如果不确立痛苦是一种恶，那有可能存在一个坚毅、果决、高尚的人，也就是我们称为勇敢的人吗？正如把死看作恶的人不可能不怕死，同样，对于人所断定为恶的东西，他绝不可能无视它、鄙视它。如果把这一点作为普遍接受的大前提，我们的小前提是，勇敢而高尚的人鄙视人类可能遭受的一切事故，认为它们无足轻重。结论就是，凡不是卑鄙的就不是恶。同样，你那高尚、杰出、仁慈、真正勇敢的人，认为人类的一切灾难对他来说不值一提的人，正是我们希望树立的人物，我们理想的楷模，这样的人必然对自己充满信心，对自己的一生，无论是过去还是将来充满自信，认为没有不幸会降临到智慧者头上。这里是对同一观点的又一证明，即道德价值是唯一的善，有尊严的生活，即有德性的生活是幸福的生活。

9."我清楚地知道，哲学家中间，我是指在那些认为至善在于理智，即我所说的终极目的的人中间，确实存在各种不同的意见。然而，无论如何，在我看来，凡是把至善等同于理智和美德的，不管什么类型，都不仅高明于把至善与美德完全分开的三位哲学家，他们把至善等同于快乐，或没有痛苦，或最初的本能冲动，而且也胜过另三位哲学家——他们认为若不把美德加以一定的美化、提升，它就是不完全的，所以分别加上我刚刚列举的那三者之一。至于其他思想家，有的说终极的善就是致力于追求知识的生活，有的说一切事物都毫无分别，智慧者只要不对哪个事物有所偏向，就能保证幸福，还有的说，如某些学园派人物（据记载）所主张的，智慧者的终极的善和最高职责在于拒斥表象，坚决抵制感觉—印象的现实。通常都把这些理论看得很慎重，总是详尽地一一回应。但是，对于不证自明的道理何必费力证明呢？如果我们不能在与自然本能一致和相悖的事物之间作出选择，谨慎这种备受赞扬的美德就被完全废除了，还有比这一点更明显的道理吗？驳斥了以上所列的观点以及诸如此类的其他观点，我们所能得出的结论就是，至善在于把自然因果规律的知识应用于生活行为之中，选择与自然一致的事物，摒弃与自然相悖的事物。换言之，至善就是与自然本性和谐一致的生活。

"但就其他技艺而言，当我们谈论某种'技艺'表演时，必须认为这种性质的意思是指行为活动的结果，也就是斯多亚学派的术语'epigennematikon'所说的意思。而在行为上，当我们说一种行为是'明智的'，就是从行为一开始就完全准确地使用这个词。因为智慧者所发动的每一种行为的每一部分都必然是完全的，须知，我们所说的欲求目的就在于他的活动。比如，背叛祖国、殴打父母、抢劫庙宇，都是罪恶，其罪在于行为的结果，而恐惧、悲伤、淫欲也是罪，即使这些情绪并不必然产生外在的结果。后者称为罪并不在于它们所导致的结果，而在于它们的开端；同样，发端于美德的行为从一开始就被论断为正确的，而不在于它们最终的完成。

10. "另外，'善'这个词在我们的讨论中一直频频使用，然而还是要通过定义来解释。斯多亚学派下的一些定义确实有些许不同，但大致意思是一样的。从我个人角度说，我同意狄奥根尼的定义，即善就是本性上完全的。由此，他还说，'有益的'（我们不妨这样来翻译希腊语'ophelema'）就是与那本性完全的事物一致的活动或状态。我们知道，我们通过经验、综合、分析、逻辑推论，就在思想中产生了关于事物的概念。这里的第四种也是最后一种方法就是给予我们善之概念的方法。思想从与自然本性一致的事物推演、上升，最后获得关于至善的概念。同时，至善是绝对的，没有程度之分；至善被认为并被称为善是缘于它自身内在固有的属性，而不是通过与其他事物的比较。正如蜂蜜，非常甜，但这种甜是通过对它自身独特的味道的认识得出的，而不是与其他事物比较得出的；同样，我们所讨论的至善具有至高无上的价值，但它的价值只在于质，不在于量。价值在希腊语中是'axia'，不是一种善，也不是一种恶，所以，无论你在量上怎样增加，它的质毫不改变。因而，美德的价值是独特的、无与伦比的，只在于质，不在于量。

"而且，心里的种种情绪［希腊语是'pathos'，我完全可以直译为'疾病'，但'疾病'这个词并不适合一切情形，比如，没有人说可怜是一种疾病，也不会认为愤怒是疾病，但希腊语中全用'pathos'这个词来表示。所以我们不妨接受'情绪'这个词，从它的发音看，似乎表示不好的东西，无论如何情绪不是由自然力引起的。诸多（心理）情绪大致可以分为四类，每类还可再分为许多小类：悲哀、恐惧、欲望，以及斯多亚学派所说的'hedone'，即快乐，但这个词也表示身体的感受，所以我宁愿译成'喜悦'，意指心灵处于得意状态时的欢喜］，使愚昧人的生活痛苦不安，但我得说，这些情绪不是由自然力量引发的，全都是想象之物，无聊的意见。因而，智慧者将永远远离它们。

11. "一切道德价值都是自然所渴望的，这是我们与许多其他哲学体系共同主张的一个观点。有三个学派把美德与至善完全隔绝，此外，所有其他哲学家都接受这一观点，大多数斯多亚主义者（我们正在谈论）都认为唯有道德价值才是善。这种观点非常简单，很容易证明。请问，有谁，或者曾经有谁，贪婪成性，欲壑难填，为了达到自己的目的不惜以身试法，就是绝对保证他不受任何惩罚，也仍然不愿意（一百个不愿意）通过正当途径达到目的，而宁愿通过犯罪途径达到同样的目的？

"再者，我们渴望了解自然的奥秘，天体运动的方式和原因，这动机后面有什么利益或好处可图？谁会笨拙或者对本能冲动无动于衷到厌恶这些高尚的学习，视之为不能带来快乐或利益的毫无价值的东西而唯恐避之不及？听到我们的祖先——比如埃弗利卡尼（Africani），或者你常常提到的我的曾祖父，以及其他充满勇气和美德的英雄——智慧的话语、勇敢的行为，谁会感觉不到丝毫快乐呢？凡是出身高贵，受过良好教育的人，无不对道德上的卑鄙感到震惊，即使那些卑鄙行为对他个人并无任何伤害，他仍然会愤然谴责。看到某人公然过着道德沦丧的堕落生活，谁不厌恶至极呢？谁不憎恶卑琐者、空虚者、放荡者、品质败坏者？而且，如果我们不是认为卑鄙是因其本身之故而为人拒斥的，那还能怎么指责那些偷偷地、暗地里沉溺于种种可耻行径之中的人？难道不正是因为他们被卑鄙之事的本质固有的丑恶所阻挡了吗？有无数的理由支持这种观点，但已经够了，无须再证明。道德之善是因其自身之故为人所欲求，同样，道德之恶也因其自身之故为人所唾弃，没有比这更确定、更无须怀疑的事实了。此外，已经讨论过的原理，即道德价值是唯一的善，必然包含这样的推论：它比它所追求的那些中性事物有更大的价值。另一方面，我们说愚拙、懦弱、不公正以及放荡因其所包含的必然结果而为人唾弃，但不可把这句格言理解为似乎与前面确立的原理即道德上的卑鄙是唯一的恶不一致，原因在于所说的结果不是指身体的伤害，而是指产生邪恶的卑鄙行为［我宁愿用'邪恶'（vices）而不是'坏'（badness）来翻译希腊语'kakia'］。"

12. "没错，加图，"我说，"你的语言非常清晰，准确地表达了你的意思。事实上，我觉得你是在教导哲学讲拉丁语，并且让她归化成了罗马公民。在此之前，她在罗马似乎一直是个外国人，羞于说我们的语言，尤其是你们的斯多亚体系，因为思想和语言上都追求准确和微妙，更是如此。（我知道，有些哲学家能用任何语言表达自己的思想，因为他们完全无视分类和定义，就是他们宣称只赞美本性认可无须论证的理论。因此，他们的思想远不是深奥的，根本无须费力作逻辑推论。）所以，我非常认真地听你讲，努力记住你用来表示我们正在讨论的概念的所有术语，因为很可能我自己不久就要用到这些术语。另外，我想你把美德的反面称为'邪恶'是完全正确的，与我们语言的惯用法是一致的。我相信，'邪恶'这个词表示本性'可恶的'（vituperable）东西，或者'可恶'源自'邪恶'。而如果你把'kakia'译成'坏'［'恶意'（malice）］，按拉丁语的用法所指的就是另一个意思，也就是某种特定的邪恶。所以，我们把一般意义上的'邪恶'与一般意义上的'美德'对立。"

加图接着说："但这些确立的原理引起很大争论，漫步学派的论辩倒不那么咄咄逼人（事实上，他们对逻辑的无知使他们惯用的论辩风格有点缺乏说服力），然而你们的卡尔耐德以其逻辑上的独特优势以及非同寻常的口才把争论推向高潮。卡尔耐德一直不停地争辩说，在整个所谓的'善恶问题'上，斯多亚学派与漫步学派根本没有实质的分歧，唯有术语的不同。但是，就我来说，那些哲学家在那些问题上不只是用语有分歧，更有实质的不同，这一点再清楚不过了。我认为斯多亚学派与漫步学派之间实质的分歧比语言的差异要大得多。漫步学派说，根据他们的理论，一切称为善的事物都有益于幸福；而我们学派认为，总体幸福并不包含一切值得赋予其一定价值的事物。

13. "再者，根据视痛苦为恶的学派的理论，智慧者若是备受折磨就不可能是幸福的，还有比这更清楚的吗？而根据痛苦不是恶的理论也同样可以清楚地推出，智慧者即使处在极大的痛苦之中也仍然是幸福的。当人为了自己的国家自愿忍受痛苦时，比不是因为这样崇高的目的经历同样的痛苦要更容易忍受，这一事实表明痛苦的程度取决于忍受者的心理状态，而不在于痛苦的固有本质。而且，根据漫步学派的理论，善有三类，人越是得到身体或外在物质方面充足的供给，就越幸福，但这不能推出我们斯多亚学派能接受同样的观点，说人拥有的有价值的物质事物越多，就越幸福。因为漫步学派认为幸福的总量包括物质的利益，但我们完全不承认这一点。我们认为就是那些在我们看来可以真正称为善的东西，量上的多并不能使生活变得更幸福，更令人向往，有更高的价值，更不要说幸福会受物质利益增加的影响。显然，如果智慧和健康都是令人向往的，两者加起来应该比其中一个更令人向往，但是智慧和财富没有这样的关系，两者都有价值，但是，智慧加上财富并不比单独的智慧更有价值。我们相信健康也有一定的价值，然而我们不把它看作一种善，同时我们不会把任何价值重视到置于美德之上的程度。而漫步学派不这么认为，他们必然会说，某个行为若既是善的，又不会带来痛苦，那就比伴有痛苦的同种行为更令人向往。我们则认为相反——至于是对是错，我会在后面思考。请问，还有比这更大更真实的观点上的分歧吗？

14. "灯光在强烈的阳光下黯然失色，蜜汁在广阔浩渺的爱琴海（Aegean sea）里荡然无存，多六便士对克洛伊苏斯（Croesus）的巨大财富毫无意义，多一步于去印度的遥远旅程可有可无。同样，如果接受斯多亚关于善之终极目的的定义，就必然推出物质财富的一切价值与美德的荣耀和尊贵相比根本不值一提的结论。正如延长时间并不能使机会（我们不妨这样翻译'eukairia'）增加（因为我们所说的机遇已经获得其独特的量）；同样，正当行为（我这样翻译'katorthosis'，因为'katorthoma'是正当行为的单数），合宜举止，以及善本身，也就是与本性一致的和谐状态，都不可能有所增多或添加。这些事物就像前面讲到的机遇一样，不会因时间的延长而变大。基于此，斯多亚学派认为延长幸福的时间并不比缩短幸福的时间更有吸引力，更令人向往。他们还使用这样的解释：设想鞋子的价值在于适足，多的鞋子并不比少的鞋子更有价值，大的鞋子也不比小的鞋子更有价值，同样，善的事物只在于适宜和适时，数量多少并不影响它们的价值，时间长短也不产生任何分别。以下这种论证也没有多少意义：既然好的健康状态延续时间长比短更有价值，那么智慧用的时间越长就越有意义。这种说法忽视了一个事实，健康的价值由持续的时间评价，但美德的价值是由合适性衡量的。所以使用这样的论证方式的人完全可能会说，轻松的死亡或生育过程，若能缓慢进行就比迅速完成更好。他们不明白有些事更简短更有价值，正如有些事更漫长更有价值一样。这与所说的原理是一致的，即凡是认为善的目的，我们称之为终极或最终的善，是有程度之分的，也必然认为一个人可以比另一人更智慧，同样一个人可以比另一人犯更多的罪或行更公正的事。我们绝不会这样说，因为我们不认为善的目的有程度上的区别。正如一个要淹死的人，无论他是离水面不远，任何时刻都有可能浮上来，还是实际上已经沉到了水底，都同样不能呼吸；正如还没睁开眼睛的小狗与刚刚出生的小狗一样还是看不见的，同样，在美德上有一点进步的人与根本没有进步的人一样身陷不幸。

15. "我知道所有这些看起来似乎自相矛盾，但我们前面的结论是绝对正确、掷地有声的，而这些话就是从那些结论逻辑推演出来的，所以这些话的真理性也毋庸置疑。不过，斯多亚学派虽然不认为美德或邪恶有程度上的增加，但是他们仍然相信这两者都可以在范围上延伸、扩展。另外，在狄奥根尼看来，财富对快乐和健康来说非常重要，不只是有帮助，而是确实非常重要，然而对美德并不如此，对其他技艺也是。钱财可能成为这些技艺的向导，但不可能构成它们的本质性因素。因而，可以说，如果快乐或良好健康是一种善，财富也必须看作一种善，但是如果智慧是善，并不能推出我们也必须宣布财富是一种善。任何不是善的东西也不可能成为善的东西的本质。同样，因为认识和理解活动——它们构成技艺的原始材料——激发欲望，而财富不是善，因此财富不可能成为任何技艺的本质。但即使我们承认财富是技艺的本质，同样的观点也仍然不能适用于美德，因为美德（如狄奥根尼所指出的）需要大量思想和实践，而技艺并不需要同样的量，[①] 因为美德需要终生的坚毅、力量和一致，而其他技艺这些品质并不同样明显。

"接下来应该说说事物之间的区别。如果我们认为万物全无分别，那么整个生活就会陷入一片混乱之中，如亚里斯托那样；既然与生活行为相关的一切事物彼此毫无区别，无须作任何取

---

① 必须记住的是，"技艺"包括职业、贸易、手艺以及科学和精密技艺，大多数哲学家像苏格拉底一样，在拿其他"技艺"与"ars vivendi"（生活技艺）比较、对比时，想到的正是比较简单的技艺。

舍，那么智慧还有什么作为？所以，斯多亚学派首先令人信服地证明道德是唯一的善，卑鄙是唯一的恶，然后指出，在那些对幸福或不幸毫无意义的事物中间，也仍然存在着一定的区别，认为有些有积极意义，有些有消极意义，有些是中性的。他们还说，那些有正面价值的事物，比如健康、正义感、摆脱痛苦、名誉、财富，诸如此类，有些为我们提供足够的理由选择它们，舍弃其他，有些没有这种本性。同样，那些有负面价值的事物，也有些为我们提供足够的理论拒斥它们，诸如痛苦、疾病、丧失理智、贫穷、耻辱诸如此类，有些不具有这种性质。因此芝诺就在术语上作了'proegmena'与反义词'apoproegmena'的区分——芝诺在使用大量希腊语的同时还视情况造出新的词汇，这在我们贫乏的拉丁词汇中是无法做到的，当然，你喜欢说拉丁语其实比希腊语更丰富。然而，为了使这个术语的意思更容易理解，解释一下芝诺是怎样造出它的，应该不会不合时宜。

16. "芝诺在旅居一家王宫时指出，谁也不会说国王的荣耀'提升了'（也就是'proegmenon'的意思），不过，那些担当要位，其尊贵虽然次于最高的国王，但是也非常接近的人可以用这个词；同样，在生活活动中，'proegmenon'即'提升了'这个词不是形容那些位于顶端的事物，只能形容那些居于次位的事物。我们可以用'提议'（这是直译）或'提高''降级'或者我们一直使用的词'喜欢的''优秀的'来形容这些事物，对相反的事物则说'拒斥的'。如果意思能够理解，我们就不必拘泥于措辞的使用。然而，我们既然宣称，凡善的事物都位居第一，由此可以说，我们冠以'喜欢的'或'优秀的'这些形容词的事物既不是善，也不是恶，于是我们说它不偏不倚具有中性价值——我恰好想到可以用'中性'这个词表示他们的'adiaphoron'。事实上，中间状态的事物也不可避免地包含某种与自然吻合或者相背的东西，既然如此，这类事物中有些应当具有中性价值；承认这一点，就要承认这类事物中有些事物也是为人所'喜爱'。所以，作出这种区分是有充分理由的。而且，为使问题显得更清楚，他们还提出以下的解释：假设我们掷关节骨，① 我们的目的是让它直立，所以掷出去垂直落地的骨头相对于预定的目的来说就是'更可取的'，或更接近的，否则就不是，但是关节骨本身的'进步'不会成为预定目的的构成部分；同样，那些'更可取的'事物对终极目的有意义，但绝不是它本质内涵的构成部分。

　　"接着讲善的分类，总的分为三类，第一类是终极目的的'构成部分'（我这样表示'telika'这个术语。我们前面达成一致意见，如果遇到一个词无法传达意思的情形，为使意思清楚可同时用几个词来表达，这里就是一例）；第二类是那些终极目的所'生产'的事物，希腊语是'poietika'；第三类是既是目的的构成部分，又是其生产出来的事物。第一类的一个例子是道德行为，第二类的唯一例子是朋友之善。而智慧在斯多亚学派看来，属于第三类，既是构成成分，又是生产性的。就它是一种适宜的活动来说，可以归于第一类，就它引起并产生道德行为来说，可以称为生产性的。

　　17."我们称为'可取'的这些事物，有些是因为其本身之故可取，有些是因为能生产某种结果，还有些两者兼而有之。就其自身之故来说，比如有某些特色、性质，或者某种姿势或活动，使事物本身或者可取，或者可弃；就产生某种结果而可取的事物来说，比如能带来钱财，所以可取；两者兼而有之的事物，比如正常的知觉、良好的健康。一方面，关于美誉（在这里的上

---

① Tali 用作骰子，可以是真的骨头，也可以是人工仿制的。

下文中'美誉'比'荣耀'更好地对应于斯多亚术语'eudoxia'），克律西坡和狄奥根尼常常驳斥说，它没有任何实际价值，根本不值得费力追求。我对此完全赞同。另一方面，他们的追随者因为无法反击卡尔耐德的抨击，就宣称美誉——如我所称呼的——因其自身之故可取、为人向往，出身良好、受过人文教育的人都希望自己的父母和亲戚以及一般的好人都有好的名声，只是为了名声而名声，不为任何实际好处。他们还争辩说，正如我们希望自己的孩子幸福，即使我们死后也幸福如初，这是为了孩子自己之故，同样，人对自己的名誉也该如此，即使死后也要学习，为名誉而名誉，不求任何好处。

"尽管我们宣称道德价值是唯一的善，尽管我们确实认为适当的行为既不是善也不是恶，但是这与主张行合适之事并不矛盾。在这些中性事物领域存在着一种合理性因素，也就是有一种理由可以解释为什么要这样做，因而可以解释一种行为这样做为什么是合理的。既然合适的行为就是有理由可以解释这样做的行为，这就证明合适的行为是居间的事物，既不是善也不是非善。由于那些既不属于美德也不属于邪恶的事物仍然保留一种可能有用的因素，所以它们的有用因素值得保护。再者，这类中性事物还包括某一类行为，即理性要求我们做或者产生某种中性事物的行为。有理由去做的行为我们称为合适的行为，所以合适的行为就属于既不是善也不是恶的这类事物。

18."智慧者的有些行为也属于这类中性事物，这一点也很清楚。当他做这样的行为时，他就认为这是一种合适的行为。由于他在这一点上的论断绝不会错，所以合适的行为就必然存在于这些中性事物领域。以下的论证也可以证明同样的观点：我们看到，有些事我们称为正当行为，这是完全成就了的合适行为，因而必然有某种不完全的合适行为。这样，如果恢复信任原理是正当行为，恢复信任就必然是一种合适的行为。加上'原理'就成了正当行为，光是恢复本身就是合适行为。再者，毫无疑问，我们称为中性的事物中包括一些值得选择的事，也包括一些应当摒弃的事，因而凡是这样做或者这样描述的东西都完全属于合适行为这个范畴。这表明自爱生来就根植在一切人心里，愚拙人与智慧者都会选择与自然一致的事，摒弃与自然相悖的事。因而，就存在一个智慧者与愚拙人共有的合适行为的领域。这证明合适行为处理的是我们所说的中性事物。由于这些中性事物构成一切合适行为的基础，因此以下格言说得非常在理：我们实际考虑的无一不是这些事情，包括活下去的意愿与放弃生命的意愿。当人的环境中与自然相合的事物占优势，就适合活下去，如果拥有或预见的大部分是与自然相悖的事物，就应该放弃生活。由此不难理解，为什么有时候智慧者尽管很幸福也得放弃生命，而愚拙人虽然不幸却可以继续活下去。斯多亚学派的善恶，如已经多次重复所说的，是必然推演出来的结果，而最初的自然之物，无论是有益的还是无益的，都归于智慧者的判断和选择，可以说构成智慧所处理的对象和给定的材料。因而，生存的理由和弃世的理由都完全由前述的最初的自然之事作为尺度。有美德的人并不因美德就必然留恋生命，没有美德的也并非就得去死。情形往往是智慧者在享受最高幸福的时刻放弃生命，只要时机已到，这样对他更适合。在斯多亚学派看来，幸福，也就是与自然本性和谐一致的生活，就是抓住正确时机的问题。因而有时是智慧自己命令智慧者放弃她。因为邪恶没有力量为自杀提供理由，显然，就是愚拙人，尽管很不幸，但是只要拥有大量我们所说的与自然相合的事物，就有理由生存下去。由于愚拙人无论放弃生命还是继续生存，都是同样的不幸，时间延长并不增加他的生命的不可取性，由此完全可以说，那些享有大量中性事物的人应当继续活下去。

19. "再者，斯多亚学派认为理解自然使父母天生爱自己的孩子，这一点很重要。我们追溯人类社群关系的起源，这源头就是父母的爱。这首先可以从身体及其各肢体的形状清楚地看出，这些肢体本身就足以表明自然的计划里包括了生儿育女这一环节。然而，若说大自然计划了生育后代之事，同时又没有让后代在出生之后受到爱护，那是不合逻辑的。就是在低级动物中，也可以清楚地看到大自然的运作。当我们看到它们如何不辞辛苦地生养自己的幼崽，我们似乎是在聆听大自然真实的声音。因此，正如逃避痛苦显然是我们的本性所为，我们也从自然本身汲取了爱我们所生的后代的本能。从这种本能发展出相互吸引之感，把人类联结成这样的社会，这也是自然所赋的。他们都有共同的人性，这一事实要求人与人之间有彼此相类之感。正如身体的某些部位，比如眼睛、耳朵，可以说是为自己而造的，而另一些部位像腿、手还配合其他肢体的功能，同样，有些巨型动物生来只为自己，另有一些生物，比如人们所说的海笔（sea-pen），① 缩在自己大大的壳里，还有一种称为'pinoteres'的生物，则为海笔站岗放哨，从它的壳里游出来，又缩回去把自己关在里面，似乎是告诫主人保持警惕——这些生物，还有蚂蚁、蜜蜂、白鹳，除了为自己之外也为别的动物做某些事。就人类来说，这种相互帮助的纽带就紧密得多。由此可见，我们天生就适合形成统一体、社会和城邦。

"再者，他们认为，宇宙是由神圣意志支配的；人和诸神都是城邦或国家的成员，我们每个人都是这个宇宙的一部分；由此可以得出合乎自然的结论，就是我们选择共同的利益，而不是自己

---

① 一种贝壳，常常可以看到其"须"里缠绕着一个小蟹。关于它们的共栖关系的观念见亚里士多德的论述。克律西坡引用它作为伦理学上的一个例子。

的利益。正如法律是为众人的安全而不是个人的安全制定的；同样，一个良善、智慧、守法、知道自己对国家的职责的人，研究的是众人的利益，而不是自己的或者某个个人的利益。为自己私人利益或安全而背叛公众利益或安全的人，比背叛自己国家的人更应受到谴责。这就解释了为什么为共和国而死的人是受人赞美的，因为它使我们知道爱祖国要胜过爱自己。有人宣称（通常用熟悉的希腊句子表述①），自己死后，哪管世上洪水滔天，这样的人我们认为是邪恶、毫无人性的。毫无疑问，我们也必须研究子孙后代的利益。

20. "表现这种情感的行为就是，在临死前立遗嘱指定监护人照顾自己的孩子。没有人会愿意孤独地在沙漠里过一生，就算给他提供大量快乐的东西。这一事实表明我们生来就是社会性的，需要交往，与我们的同胞有天然的伙伴关系。而且自然本能激发我们尽自己所能为大多数人谋福利，尤其要传授信息和智慧原理。因此很难看到有谁不愿把自己所拥有的知识传授给别人，我们不仅有很强的学习本能，也有强烈的教导意向。正如公牛的本性就是尽其一切力量保卫牛犊，与狮子争斗，同样，具备独特天赋和工作能力的人，就像传说中的赫尔库勒斯和利伯尔（Liber），天生就有保护人类的本能。当我们对约维冠以至善至大的救主、宾客的主宰（Lord of Guests）、战争的指挥者这些头衔时，我们的意思是说人类的安全就在他的掌控之中。但是，如果我们自己彼此鄙视、互不尊重，那怎么可能指望不朽的神来爱我们、关护我们呢？因而正如我们在还不知道身体的各部分有什么具体作用、为何实际目的赋予我们之前就已经使用它们，同样，我们一生下来就被联合在共同的国家、社会中。否则，就不可能有公正或慈爱的立

---

① 据说被提比略（Tiberius）和尼禄（Nero）引用。

足之所。

"然而，正如他们认为人与人之间是由权利联合起来的，同样，他们认为人与兽之间不存在任何权利。克律西坡说得好，所有其他事物都是为人和神而造的，但这些事物是为它们自己的相互关系和族群存在的，所以人可以为了自己的利益使用它们，但不可以不公正。他说，人的本性可以说是一部法典，维系着个人与人类之间的关系，遵守这部法典的就是公正的，偏离它就成为不公正。不过，正如尽管戏院是公众场所，但完全可以说每个人所坐的那个位置是属于他的，同样，在国家中，或在世界上，尽管国家、世界是众人共有的，但没有哪条公正的原理会损害个人的私有财产。再者，我们知道，人天生就是为了保卫自己的同胞，所以从这种自然意向可以推出，智慧者必渴望参与政治和管理社会，按自然规律生活，娶妻生子。爱的情感只要是纯洁的，不会被认为与斯多亚学派圣贤的品格不相一致。至于犬儒学派（Cynics）的原理和习惯，① 有人说全都适用于智慧者，只要条件刚好与这种行为方式吻合；但是，其他斯多亚主义者毫无保留地拒斥犬儒学派的规则。

21. "为保卫人与人之间的普遍联合、统一和感情，斯多亚学派认为'利益'与'伤害'（他们的术语是'ophelemata'和'blammata'）都是共同的，前者有好处，后者有害处。他们说这两者不仅是'共同的'，而且是'相等的'。'劣势'和'优势'（我这样翻译'euchrestemata'和'duschrestemata'）在他们看来也是'共同的'，但不是'相等的'。因为'有益的'和'有害的'事物分别是善与恶，它们必然是相等的；而'优势''劣势'

---

① 犬儒学派抛开国家与家庭的纽带，自称"Kosmou Politai"，世界公民，人与人之间是普遍的兄弟关系。

属于我们说的'可取'与'可弃'的事物，所以可以有程度的分别。但尽管他们认为'有益'和'伤害'是'共同的'，却不认为公正的行为与恶的行为是'共同的'。①

"他们主张培养友谊，把友谊归入'有益之事'。在友谊问题上，有的认为智慧者必视朋友的利益如同自己的利益，也有人说人自己的利益必然是更为珍贵的，同时后者承认以损害别人来为自己获利是与公正相悖的行为，而我们人似乎天生就有倾向于正当的本能。但无论如何，我所讨论的这个学派拒斥我们，是因为公正或友谊的有用性而接纳或赞同它们的观点。因为果真如此，就可能损害并毁灭它们。事实上，如果公正和友谊不是因其本性而为人所求，它们就连存在都是不可能的。而且，正当——用这个词更适当——天生就存在（他们断言）；不要说冤枉人，就是伤害人都是与智慧者的本性格格不入的。对自己的朋友或恩人行不道德的事也是不公正的。最正确而有力的主张是，诚实始终是最上策，凡公正、公平的事也是受人尊敬的，反过来也一样，凡可敬的事必是公正而公平的。

"除了我们已经讨论的美德之外，他们还加上辩证法和自然哲学。这两者他们都冠以美德的头衔，前者是因为提供了一种方法，防止我们与错误同流合污，甚至被似是而非的可能性蒙骗，使我们坚守并捍卫我们从善恶中学到的真理，没有辩证法这种技艺，他们认为任何人都有可能受诱惑离开真理陷入谬误。因而，既然草率和无知是最大的不道德，那么把去除它们的技艺称为美德是恰如其分的。

---

① 道德与非道德行为：（1）从其结果来看影响全人类的善恶；（2）从其自身来看只关乎发动者。无论从哪方面来看，它们都没有程度之别，不是善就是恶，不是对就是错，是绝对的。但中性的事物（即除了道德善恶之外的一切事物）在益处或害处上可以有多少，既与个人的利益直接相关，也与世界一般相关。

22. "同样的荣耀给予自然哲学也是有充分理由的，因为凡是按自然本性生活的人必然把自己的原理建立在管理整个世界的体系上。人若不根据对整个自然计划的认识以及对诸神生活的认识，不知道人的本性是否与宇宙相和谐这个问题的答案，就不可能正确地论断事物是善是恶。没有自然哲学，谁也不可能认识古代智慧者的格言和警句的价值（它们的价值非常之大），诸如'服从机遇''听从神'，'认识自己'，'在一切事上守中道'。也唯有这门学科能把关于自然力量的观念传授到培养公正、维护友谊以及其他感情的事业中去。不揭示自然的奥秘，我们就不可能明白对诸神的虔诚之情，也不理解我们应感激他们的程度。

"不过，我开始意识到太放任自己，几乎背离了给自己制订的计划之要求。事实上，我一直为斯多亚体系的奇妙结构及其话题的神奇顺序所吸引；请你认真告诉我，你难道没有为此心里充满敬意吗？没有任何东西能像自然这么完美，这么井然有序，但是，自然、工艺品所要表明的如此精致、如此紧密结合凝聚成一体的是什么呢？你看到有哪里的结论与前提不一致，或者前后的陈述相矛盾吗？哪里不是环环相扣，你若改变一个字，就会破坏整个结构？实在没有什么地方可以修改的了。

"他们所描绘的智慧者的品质是多么尊贵、多么高尚、多么一致！既然理性已经证明道德价值是唯一的善，那么他必然始终是幸福的，无知者所热衷的嘲笑他的所有那些头衔确确实实归于他。他必比塔奎尼（Tarquin）——既不能管好自己也不能治理臣民的国王——更有权利称为王，比苏拉——集三大最可恶的邪恶：放荡、贪婪、残忍于一身的人——更有权利获得'人民的主人'的称号，① 比克拉苏——他若无所缺乏，就不可能受人引诱跨越幼发拉底河（Euphrates）毫无借口地发动战争——更有权利称为富裕的人。完全可以说他拥有万物，因为唯有他知道如何使用万物；也完全可以说他是美的，因为灵魂的品德胜过外貌的美丽；他也是唯一自由的人，因为不屈从任何人的权威，不受制于任何欲望；他是不可征服的，虽然他的身体可以戴上镣铐，但是任何锁链都锁不住他的灵魂。他不需要等候哪个时候，他是否幸福的问题可以在他的一生圆满画上句号的那一天最后宣告——七贤之一的老梭伦给予克洛伊苏斯的著名警告是多么不明智，倘若克洛伊苏斯曾有过幸福，就该把他的幸福完整地带到居鲁士为他堆起来的火刑的木柴上。这样说来，如果凡是善的并且唯有善的才是幸福的这话是真的，那还有比哲学更宝贵，还有比美德更神圣的财富吗?"

---

① 古罗马独裁者的称号。

第 四 卷

1. 这就是他的结论。"非常忠实而清晰的阐述，加图，"我说，"想想你的话题范围有多广，含义有多含糊。显然，我要不想放弃全部思想或回答，就得花时间好好想一想。要完全把握这样一个精致的体系可不容易，即使是错误的（对此我不敢贸然论断），无论是它的首要原理，还是这些原理所推演出来的结论，都很完善。""你竟这样说！"加图立即做出反应，"我既知道根据这新法规定①你的答辩必须与控告方的总结陈词同一天完成，并且你得在三小时的时限内讲完，那么你还以为我能让我们的公案延期吗？当然你会发现眼前的案子与你时时成功处理的案子一样站不住脚。所以请与其他案子一样处理这个案子，何况这个话题是大家熟悉的，其他人以前讨论过，你也屡次有所触及，所以你不太可能会因缺乏材料而困惑。""我抗议，"我叫道，"我根本不想挑战斯多亚学派，倒不是我完全同意他们的观点，而是因为羞怯，他们的教义里有那么多东西是我几乎根本无法领会的"。"我承认有些部分比较晦涩，"他说，"但是，斯多亚学派并没有刻意采用一种晦涩的风格，晦涩是其理论本身固有的"。"那么

①　公元前 52 年由庞培（Pompey）颁布，限定案件的控告方总结陈词为两小时，辩护方为三小时，双方都应在同一天完成。

为什么同样的理论到了漫步学派那里，每句话都说得清清楚楚呢？"我问。"同样的理论？"他叫起来说，"我岂不是费尽口舌地解释了斯多亚学派与漫步学派之间的分歧不只是措辞上的，完全在于他们整个体系的根本性质吗？""噢，加图，"我回答，"如果你能证明那一点，就非常欢迎你宣告我已经完全改信这一学派了"。"我原以为我已经说得够多了。那么我们不妨先说这个问题，如果你更愿意谈论另一个话题，我们就稍后再来说这一个。""不，"我说，"关于那个问题我想用我自己的分辨力，除非这是不公正的约定，每个问题应当按照它所出现的顺序来讨论"。"你若这样想，我的计划就应该是比较适合的，不过，让人自己选择这是公平的。"他回答。

2. 我接着说，"加图，我的观点是这样的，柏拉图那些早期弟子斯彪西波（Speusippus）、亚里士多德、色诺克拉底（Xenocrates）以及他们的学生玻勒谟、塞奥弗拉斯图斯已经创设了一种理论体系，无论是丰富性还是完备性都无与伦比，所以玻勒谟的学生芝诺没有任何理由把自己的导师与他自己或者与他导师的先辈们区分开来。他们的理论概要如下——不过，如果在我讨论你的整个论述时你注意到有哪一点需要纠正，无需犹豫，请立即指出，我会非常高兴。因为我想我得展现他们的整个体系，以与你的整个论述相比较。这些哲学家注意到：（1）我们的结构天生就有认知普遍美德的能力，也就是公正、自制以及诸如此类的美德（所以这些都类似于其他技艺，唯一的不同在于他们所使用的材料以及对材料的处理方法）；他们还注意到，我们追求这些美德的热情比追求其他技艺的更高贵。（2）我们拥有一种内在的或者说天生追求知识的能力。（3）我们的天性倾向于与同胞合作的社会生活，与人类友好共处。这些本能在禀赋极高的人身上最清楚地显现出来。① 所以他们把哲学分成三个领域，这种方法在芝诺那里得到保留，我们注意到了这一点。一个领域是科学，它为道德品质的形成立法；这一部分是我们目前讨论的基础，我完全遵从。稍后我要思考这样的问题，什么是诸善的终极目的。但现在我只想说，我认为可以称之为公民科学（希腊语里是形容词'politikos'）的这个话题，早期的漫步学派和学园派已经建立了权威，作了全面讨论，两个学派虽然使用的术语不同，但是理论本质是一致的。

3. "他们写了多少政治学和法学方面的书籍，他们的论著中为我们留下了多少演讲的律例，多少论述的范型！首先，即使是要求严密推理的话题，他们也谈论得非常干净、文雅，时而用定义，时而用分类。其实你们学派也用这些方法，但风格上相当捉襟见肘，而他们的风格非常高雅。其次，在需要华丽而高贵的辞藻论述的主题上，他们的论述是多么壮观、多么精彩！关于公正、自制、勇敢、友谊，关于生活的引导、智慧的寻求、政治家的生涯，在这些话题上，丝毫没有斯多亚学派的吹毛求疵、繁细琐碎，在他们，大的话题追求高雅华丽，小的话题追求平白清晰。可想而知，他们的安慰、劝勉，就是他们的告诫、提议，也是针对最杰出的人而讲的！事实上，他们的修辞训练是双重性的，如同话题自身的本性一样。须知，讨论的每个问题都可以或者在一般意义上讨论，忽视所涉及的人或环境，或者也把人物和环境考虑在内，从事实或法律或名称的角度讨论。因而，他们在两方面都训练自己，这种训练使他们在任何一类讨论中都应付自

---

① 这个句子似乎暗示哲学的三个部门：（1）伦理学；（2）物理学和逻辑学；（3）政治学。但在下面几节中，西塞罗又采用通常的分法：（1）逻辑学，参4，（2）物理学，参5，（3）伦理学，参6以下，及其两个分支政治学和修辞学，第3节以插入的方式提到这两个分支，但把它们都除在哲学之外。

如。芝诺及其追随者或者无能或者不愿涉足这一领域，总之在这整个领域中根本看不到他们的踪影。没错，克利赛斯写过论修辞的文章，克律西坡也写过一篇，但它们像什么样子呢？那是为那些以保持缄默为最高目的的人提供的完全手册，由此你可以判断他们的风格，炮制新词汇，抛弃惯用语。当然你会说：'但是请想想他们尝试的是多么宏大的话题！比如，这整个宇宙就是我们自己的城镇。'你知道斯多亚学派的工作的宏大，就是使一个西尔塞伊（Circeii）的居民相信整个广袤的世界就是他自己的城镇！'如此，他必唤起听众的热情。'什么？一个斯多亚主义者还能唤起人的热情？他更可能熄灭学生心中原本已经燃起的一点热情之火。就是那些你所阐述的简短格言，比如唯有智慧者是国王、独裁者、百万富翁——毫无疑问，如你所说的，修饰得非常简练，因为你是从修辞专家那里学到的。但是，那些格言从斯多亚主义者的嘴里说出来是多么缺乏修饰，须知，他们谈论的可是美德的潜能，他们如此看重美德，甚至认为它本身就能给人幸福！他们这种低劣、琐碎的三段论完全是令人厌烦的小玩意儿；他们可能会说服理智，但不可能影响心灵，听者走的时候并不比来之前得到更多东西，可以说一无所获。他们所说的可能是对的，并且肯定是很重要的，但问题在于他们说的方式是错的，实在太烦琐了。

4. "然后是逻辑学和自然科学。至于伦理学的问题，我前面说了，我们稍后再去集中力量讨论、解决。就这两个领域来说，无须芝诺作任何润色，一切都已经非常令人满意了。就逻辑学来说，还有什么是古人没有论到的？他们界定了大量术语，留下关于定义的论著，关于如何把一物分为各个部分的技艺，他们给出了很多实例，制定了使用规则。矛盾律也是这样，他们根据它获得类以及类里面的种。再就演绎法来说，他们从自明的前提出发，遵循规则，从一般得出个别结论。此外，他们还区分了多少种不同的推论形式，这些推论与时髦的三段论有多大的不同！想想他们是如何几乎庄严地反复强调，我们不可指望不借理性光靠感觉找到真理，光靠理性没有感觉同样不行，我们不可把两者彼此分离。难道不是他们最先制定了规则才有今天的逻辑学专家们惯用的手法？毫无疑问，克律西坡使逻辑得到了充分发现，但芝诺与更早一点的学派一样，在这个领域没有什么作为；在某些部分，他的工作并没有超过他先辈们的水平，而在另一些部分，他完全一无所知。它们之间覆盖整个推论以及演讲领域的两大学科，其中一个是论题科学（Science of Topics），另一个是逻辑学。后者斯多亚学派和漫步学派都有讨论；但前者，漫步学派尽管教导得非常出色，斯多亚学派却根本不曾触及。因为安排论证随时可用的论题库，你们学派没有一点概念，而他们的先辈提出了一种常用的技艺和方法。这种论题科学可以使人避免在同样的题目上沉闷地讲同样的观点，甚至照本宣科，因为人若知道某个具体事例出于什么一般题目，知道怎样万川归海，就必知道怎样引出论点，无论它如何遥不可见，并且在争论中总是有自己的思路。事实上，尽管有些人很有天分，不需要体系就可以滔滔不绝地施展口才，但是科学总是一种比本性更可靠的向导。诗人挥毫泼墨是一回事，系统而科学地组织一个问题是另一回事。

5. "自然哲学基本上也是这样。漫步学派和你们学派都追求自然哲学，并且不只是为了两个目的，如伊壁鸠鲁所认识到的，消除迷信和对死亡的恐惧。除了这两方面益处外，对天体现象的研究使人产生一种自我控制的能力，因为在研究中认识到诸神中间也有至高的克制和秩序；在沉思造物和诸神的活动时还能激发心灵的升华，因为认识到至高主和统治者——哲学家告诉我们他的本性与真正的理性和至高法律一致——的计划和目的，使人油然而生发公正之心。研究自然哲学还给予人获得知识的无尽愉悦，唯有这种追求才是人们在做完事务之后的闲暇时间所从事的崇高而高雅的职业。在哲学的这个分支领域里，斯多亚学派在大部分重要观点上都跟从漫步学派，认为诸神是存在的，世界是由四种元素构成的。至于非常困难的问题，即我们是否相信有第五种实体存在，作为理性和理智的根源，以及相关的另一个问题，即哪种元素构成灵魂，芝诺宣称这种元素应该是火；再说细节，在有些但非常少的细节上，他与先辈分道扬镳，但在主要问题上他承认宇宙整体上以及主要部分是由某种神圣理智和实体管理的。然而，在论述的完全性和丰富性上，我们可以看到斯多亚学派是非常琐碎的，而漫步学派则极其详尽。他们对每一种动物的类别、生产、形态学以及生活过程观察得那么细致，记载了那么多的事实！同时又如此详尽地观察、记载了每一种植物！他们对各种不同的自然现象作了多么丰富的解释和证明，所涉及的范围是如此之广！所有这些积累使他们有大量令人信服的证据解释每种具体事物的本性。所以，到目前为止，至少就我所能理解的情形来说，似乎没有理由更改名称。① 没错，芝诺确实没有预备一切方面都跟从漫步学派，但这并不改变他的观点是从漫步学派衍生出来的事实。在我看来，伊壁鸠鲁也只是德谟克利特的一个学生，至少在自然哲学上如此。他作了一些调整，或者确实有很多调整，但在大多数观点上，并且毫无疑问也是最重要的观点上，都只是重复老师的话而已。你们的导师也是这样，却没有意识到他们的功绩应完全归于最初的发现者。

6. "不过，先把这点放在一边，如果你愿意，我们现在转向伦理学。至善这个题目，是哲学的关键问题，那么芝诺在这个题

① 即指芝诺的学派称为斯多亚学派而不是漫步学派。

目上究竟有什么贡献，使他有理由说与先辈，即这一理论的原创者不同？加图，你根据这样的理解，对斯多亚学派的'诸善之目的'概念以及他们所赋予这个词的含义作了详细的阐释。我还想再复述一下，以便我们能够判断——如果能——芝诺所贡献的独特之处究竟是什么？以前的思想家，尤其是玻勒谟非常清楚地解释了至善就是'根据自然本性生活'。斯多亚学派对此作了三种解释。第一种解释说'根据对自然因果关系的认识而生活'。他们说这一终极目的概念与芝诺的是一致的，是对你们的'按自然和谐生活'的一种解释。他们的第二种解释是'生活就是履行自己全部或者大部分居间职责'。由此阐释的至善就不同于前一种解释。前一种是'正当的行为'（如你对'katorthoma'所翻译的），唯有智慧者才能做到，而这一种完全属于初步的职责（可以这么说），所以是不完全的，有时候愚拙人也同样可以做到。还有对这一公式的第三种解释，即'活着就是享受一切或者最大限度地与自然本性一致的事物'。这不完全依赖于我们的行为，因为它必然包括两个因素，其一要有享有美德的生活模式，其二要有与本性一致但不在我们支配范围里的事物。但是，按第三种也是最后一种解释，至善以及基于至善而过的生活，必然与美德不可分，所以唯有智慧者才能达到。这就是我们在斯多亚学派的作品中读到的对诸善之目的的解释，其实也就是色诺克拉底和亚里士多德的阐释。因此，他们对自然本性的最初构成——这也是你的出发点——的描述大致如下。

7. "每个自然器官都全力保护自己，从而保证自己的安全，也保存自己的属类。他们说，人出于这样的目的还创造出各种技艺来协助自然；其中最主要的技艺要算是生活的技艺，这种技艺帮助他保护自然赋予他的天资，同时获得自然没有赋予他的能力。他们还进一步把人的本性分成灵魂和身体。他们宣称这两部分都以其自身为目的，由此他们说，它们各自的美德也因其本身的缘故为人所欲求。同时他们赞美灵魂，说它的价值远远超过身体，从而把心灵的美德也高高置于身体的优点之上。但他们认为，智慧是整个人的看护者和保护天使，就如同自然的伙伴和帮手，所以他们说，智慧作为由心灵和身体构成的人的保守者，其作用就是要在两个方向协助并保存他。他们建立了理论的第一个广阔根基，然后进一步详尽阐述。他们指出，身体的诸善不需要特别的解释，但灵魂的诸善要非常细致地考察。首先他们发现它们中间有公正的胚芽。他们是最先教导父母对子女的爱是本性使然的哲学家。由此他们指出，这种本能规定男人与女人要在婚姻里联合为一，这一联合在时间上是在先的，是一切家庭感情的根基。他们就从这些首要原理出发去追溯一切美德的源头和发展。从同样的源头引出心灵的高贵，使我们能够抵抗不济的时运，因为重要的事都在智慧者的掌控之下；而照着古代哲学家的格言生活的人可以很容易超脱于时运的灾难和打击之外。再者，从自然给予的元素中还产生某种高贵的美德，部分是源于对自然奥秘的沉思，因为心灵天生就爱知识，从中还产生对论证和讨论的热情；还因为人是唯一赋有自制和羞耻感的动物，渴望与同类交流和共处，对自己的一切话语和行为谨慎留意，避免做出可耻、不体面的事，从这些自然赋予的端倪或者胚芽，如我前面所称呼的，产生出完美而完全的自制、自我控制、公正以及一般的美德。"

8. "加图，"我说，"我所说的哲学家有一大串。我把他们一一罗列出来，希望了解芝诺为何退出了这一早期建立的体系。究竟是他们的哪个理论使他感到不满意，是每个有机体本能寻求自我保护的理论？是每个动物都热爱自己，这爱激发它追求自己永久的安全和族类不受伤害的理论？或者是由于每种技艺的目的都出于自然本性的要求，所以必须认为作为整体的生活技艺也是如此的理论？或者因为我们是由灵魂和身体构成，它们以及它们的美德都是因其自身之故而获得的理论？或者他反对把这样的卓越性归于灵魂的美德？或者归于他们关于谨慎、知识，关于人的友情或者关于节制、自制、宽容以及一般的美德所谈论的东西？不，斯多亚学派必会承认所有这些理论都是可敬的，芝诺退出的原因不在这里。按我的理解，他们会指控古人在其他问题上有某些严重错误，使那热心追求真理的人根本无法容忍。他问道，把良好的健康、脱离痛苦的安详或者视力以及其他感官的正常归于诸善之列，而不是说在这些事物与它们的对立面之间没有任何中间物可选，还有比这样做更令人难以忍受的愚蠢和悖谬吗？在他看来，所有这些古人称为善的事物都不是善，而是'喜欢的'。身体上的优点也如此，古人把它们称为本身就是'使人欲求的'，这是愚蠢的；它们不是'可欲求的'，而是'值得获取的'。简言之，从一般意义上说，生活中除了美德还有大量符合自然的事物，这样的生活并不比唯有美德的生活'更加令人渴望'，而只是'更加值得获取'而已；尽管美德本身可能提供尽可能的幸福，然而智慧者就是在最幸福的时刻也有所缺乏，因此他们尽其所能避免自己遭受痛苦、疾病和伤残。

9. "多么敏锐的理智！多么充足的创建一门新哲学的理由！但再往前看；我们现在来看这个理论，你对它作了非常精辟的概括：所有人的愚拙、不公正以及其他恶都是相似的，一切罪都是同等的；那些天生加上训练在美德之路上取得了巨大进步的人，除非他们实际上已经获得美德，否则就是极其不幸的，在他们的存在与人类最恶者的存在之间没有任何中间东西可以选择，所以伟大而著名的柏拉图（假设他不是个智慧者）所过的生活并不比任何一个毫无约束的恶棍更好、更幸福。这——如果你愿意——

就是你们对古代哲学的修订版，一个不可能在公共生活、在法庭和元老院中产生的版本！谁能接受这样的说话方式——自称是智慧和道德行为上的权威？谁会允许这样的行事方式——尽管实际上与其他人持有同样的观点，在意思上与其他人的理解没有什么不同，却改变并强加上不同的名称，也就是说只是改变术语，对思想本身却毫无触及？难道一个辩护人能通过宣称流放和财产充公不是恶来结束对委托人的辩护吗？能说它们是'应当拒斥的'，而不是'应当避免的'吗？能说表现怜悯不是法官的职责吗？或者设想他要在公民大会上讲话，汉尼拔站在城门口把一支标枪扔过城墙，他能说掳掠、奴役、死亡、丧国不是恶吗？如果除了智慧者没有人能真正地拥有英勇和好运，那么元老院在宣告对埃弗利卡努斯的胜利时能用'然而由于他的英勇'或'好运'这样的说法吗？这是一种怎样的哲学呢——在公共场所使用通常的语言，在专著里却使用自己的习语？斯多亚学派虽然用他们自己奇特的术语表述，但理论内容根本没有什么新意，思想还是原来的思想，只是穿上了另一件外衣而已。请问，把财富、权力、健康称为'善'抑或'喜欢的东西'，这究竟有什么分别？事实上称之为'善'的并没有比称之为'喜欢的'赋予其更多的价值。正因为如此，像潘奈提乌斯这样的权威，著名的斯西庇奥和莱伊利乌斯圈子中举足轻重的成员，在给奎图斯·图伯罗（Quintus Tubero）的信中论到如何忍受痛苦时没有一处提到'痛苦不是恶'这样的观点——如果他能证明这一观点是对的，它完全可能已经成为他最卓有成效的观点；然而他没有这样说，他只是界定了痛苦的本质和属性，估计它与自然偏离的程度，最后提出如何忍受痛苦的方法，多么了不起、多么高尚的人哪。鉴于他原是个斯多亚主义者，所以在我看来，你们术语上的愚拙是你们理论的罪魁祸首。

10. "但是加图，我想看看你所陈述的实际体系的核心部分，所以我们不妨把问题进行到底，把你刚刚列出的理论与我认为胜过它们的理论作个比较。我们暂且承认你认为与古人一致的教义，而讨论——如果你愿意——那些有争议的部分。"他说，"我非常愿意进一步深入争论，进行到底，如你所说的。你目前所提出的论点非常流行，但我期待你能给我一些比较不同寻常的东西。""什么，你指望我？"我说，"不过，我仍然会尽我所能，即使指点不到问题的要害，也不会怯于使用你所说的流行论证。但首先我们不妨承认我们有一种自爱情结，自然赋予我们最初的冲动就是渴望自我保护。这一点我们都同意，由此表明我们必须研究我们自己是谁，这样才能真正保守我们自己独特的品性。我们是人，由灵魂和身体构成，两者都包含某种类型。我们最初的自然本能要求我们必须尊敬这两者，同时必须超越它们，建构我们的终极目的——我们的至善和终极之善。如果我们的前提是对的，那么这种目的必须与最大限度地获得最重要的符合自然之事物相一致。这就是他们所主张的终极目的的概念；至于至善，他们认为应该就是我描绘得比较详细，而他们表述得比较简洁的公式——'符合自然的生活'。

11. "现在我们要请求你的导师，或者最好是你自己（还有谁更有资格为你的学派说话呢？）解释一下：你们究竟是如何从同样的首要原理出发，得出结论说至善就是生活的道德规范？——因为这等同于你们的'按美德生活'或者'按自然生活'。你们凭什么或者在什么意义上突然放弃身体，以及所有那些与自然一致的事物，最后还有职责本身？所以我的问题是，智慧是如何突然抛弃了这么多大自然大为赞美的事物的？即使我们所寻求的不是人的至善，而是某种唯有理智的生物（我们不妨想象这样一种造物，以便发现真理），即便如此，理智也不会接受你们的这种终极目的。因为这样的存在物必要求健康和摆脱痛苦，也会渴望自我保护，保全自己族类的诸善；它会把按自然生活确立为自己的最终目的，而这，如我所说的，意味着拥有全部或者大部分最重要的与自然一致的事物。事实上，你可以构想你所喜欢的任何一种造物，但即使它没有身体，像我们所想象的存在物那样，它的理智也必然拥有某种类似于身体的属性，所以它必不可能为自己确立另外一种善之目的，而舍弃我所确定的那些事物。另外，克律西坡仔细观察了各种生命物之后说，有些生命物身体是主要部分，有些生命物理智是主要部分，还有些两者同等重要；然后他又讨论了构成各个种类的独特的至善是什么。他把人归为视理智为主要部分的一类，但他这样界定人的目的，不是为了表明人最主要的是理智，而是为了表明他不是由其他东西构成的。

12. "但是，唯有美德才是至善，这话唯有在一种情形下才可能是正确的，那就是如果存在一种造物完全由纯粹的理智构成，再加上一个前提，就是这种理智不拥有任何与自然本性一致的东西，比如身体的健康之类。但是，这样的一种造物究竟是什么样子，就是想象也不可能想象出一幅自我连贯的图画来。

"如果相反，他们辩称某些事物实在太小，被遮挡，完全看不见，那么我们也承认这一点；伊壁鸠鲁也这样说到快乐，最小的快乐往往被挡住，消失不见。但是，像身体的优点这种如此重要、恒久又巨大的东西，不在此列。因而，一方面，就小得看不见的事物来说，我们往往必须承认，我们是否得到它们无关紧要（正如你所举的例子，在阳光下点灯或者给克洛伊苏斯（Croesus）的财富增加几个钱币没有任何意义）；另一方面，就并没有完全消失的事物来说，就算它们确实能产生一定意义，这意义也可能并不大（因而，如果一个已经过了十年快乐生活的人，再给他加上同样快乐的一个月，只要这增加的快乐具有同样的价值，当然是件好事，但他若拒绝增加也并不消除他的幸福）。身体上的善更像后一类事物。它们有一定价值，应该努力获得。所以我想，有时候斯多亚学派必是在开玩笑，比如他们说，在美德生活与美德再加上一只油瓶或皮刷之间选择，智慧者会更喜欢有附加物的生活，尽管不会因为这些东西而更幸福。请问，这样的解释真的有什么意义吗？难道不更应该付之一笑，而不必认真驳斥吗？人若是对有没有油瓶的事操心，岂不是太可笑了吗？但除去一个人身体上的伤残或痛苦，他会对你感恩戴德；即使是智慧者，如果暴君把他送上刑台，他的表情看上去不可能像是失去了自己的油瓶似的；他也会感到如临大敌，知道将面临一种严酷、令人不寒而栗的折磨，知道将遭遇极大的痛苦，所以必须收拾起关于勇敢和忍耐的全部原理，以面对眼前严酷而深重的苦难。——同样，问题不是诸如此类的善是否太小，被挡住或完全消失，而在于它是否对整体的总量有所贡献。在我们所说的快乐生活中，一种快乐消失在许多快乐中间；但它虽然很小，仍然是以快乐为基础的生活的一部分。半个钱币在克洛伊苏斯的财富中没有踪影，但它仍然是构成那些财富的一部分。因此，符合自然的环境——如我们所称呼的——在幸福生活中可能毫不起眼，但你必须承认它们是幸福的组成部分。

13. "然而，如果——你和我们都必须承认——确实存在一种渴望符合自然之事物的本能，那么正当的做法就是把所有这些事物加起来成为一个确定的总体。这一点确立之后，我们就可以轻松地考察你的问题，就是关于各个项目的重要性，以及它们各自对幸福的作用，还有那小得几乎或者完全感觉不到的事物如何黯然失色（如你所说的）。那么毫无异议、大家公认的观点是什么呢？我的意思是说，谁也不会否认，至高的终极目的，也就是终极性的追求之物，对所有的自然种类来说都是相似的。自爱是各种类内在的本能，试问，有哪个种类曾抛弃自己或者自己的某一部分，或者哪一部分的习惯、官能，或者与它的本性一致的哪种拥有之物或者存在状态？哪个种类可曾忘记自己最初的构造？可以肯定，没有哪个不是自始至终保存着自己独特的官能。那么在所有存在种类中，难道唯有人类应当失去人的本性，忘记身体，不是在整个人身上而在人的某一部分上寻找至善？而且，若是这样，我们所探讨的主题终极目的在一切种类都是相似的，这一格言为何得以留存，甚至得到斯多亚学派的认同，得到普遍接受？既然相似，其他各个种类也得在机体的某一部位，也就是在其特定种类里最高的那一部分里寻找自己的目的；因为我们已经看到，斯多亚学派就是这样认识人的目的的。那么你为何不愿相应地改变你关于最初本能的概念？你干脆不要说每种动物从出生之时就追求自爱、全力保存自己，直接就说每种动物致力于自己最好部位，只力求保存那一部位，每一种类只致力于保存各自最好的那一部位，这样岂不更符合你的逻辑？但是，所谓的那一最好部位，若不是旁边的各部位都是好的，它的最好又是什么意思呢？而如果相反，其他事物也是合意的，最合意之物为何就不是获得全部合意之物，或者最大可能地获得其中最重要的部分？一个菲狄亚人（Pheidias）可以从原料开始雕刻，完成雕像，也可以接过其他人粗粗雕过的未成像，然后完成作品。后一种情形正如同智慧的工作。她自己并没有创造人，而是从大自然接管了粗胚；她的事情就是把大自然已经形成的粗胚雕刻成完美的作品，同时始终留意着自然。那么大自然粗粗雕琢的是哪类事物呢？智慧的作用和任务是什么呢？那需要靠她精雕细琢才得以完成的是什么呢？如果这是完全由某种理智的功能，即理性构成的造物，那么它的最高的善必是与美德一致的活动，因为美德就是理性的完成。如果它只是一个身体，主要的事情就是健康、摆脱痛苦、美和安逸。

14. "然而事实上，我们所追求的是人的至善，而不是其他造物的。所以我们的任务必然是要研究在整个人的本性中所获得的东西。我们都承认，智慧的职责和功能就是完全集中在完成人的工作上。但是，有些思想家（你不可以为我只是在抨击斯多亚学派）提出的理论把至善置于完全在我们控制之外的事物之列，似乎他们在讨论某种没有理智的造物似的；还有的则相反，只知道理智，其他一概不知，似乎人根本没有身体似的。即使是理智，也不是空洞、触摸不到的东西（那样的东西，我是无法理解的），而是属于某种物质实体，因而即使理智也不会满足于只有美德，它还渴望没有痛苦的状态。其实，这两个学派本质上是一样的，就好比说他们忽视身体的左边，只保护右边，或者像伊里路斯那样，只意识到心灵的认知能力，把实践功能排除在外。他们又拣又选，略过大量东西，只集中于某一方面，所以他们的所有体系都是单面的。全面、完备的哲学应该在考察人的至善时不忽视他的理智和身体的任一部分。而加图，你的朋友们强调一个事实，这是我们大家都承认的，即美德是人的至善，智慧者是人的完全而完美的典范，试图用美德的光芒来冲昏我们的头脑。每一种动物，比如马、狗，有某种极好的品质，但同时它们必须是健康的、没有痛苦的；同样，就人来说，你所说的最高顶点就是获得他最大的荣耀，那是他的最大美德。既然如此，我想你不会费力费神去研究大自然的生产方式。毫无疑问，在谷物的生长中，她的方式就是引导它从长叶到抽穗，然后把无用的叶片抛弃。但她对人并不是这样的，因为她为人生产了理性官能；而且她一直为人添加肉身的官能，却全然没有抛弃最初的恩赐。比如，她为感觉添加理性，但造了理性之后并没有抛弃感觉。拿葡萄栽培术来说，它的作用是使葡萄的各个部分都长到最旺盛的状态——至少我们可以假设它是这样的（因为我们可以为了便于说明而造出一种想象的例子，如你喜欢做的）；所以设想葡萄栽培术是葡萄本身内在的一种能力，这种能力无疑会努力获得葡萄的健康所需要的各种条件，同时把自己置于葡萄的各部分之上，认为自己在葡萄的机体里是最高贵的元素。同样，当某种动物的机体获得了感知觉能力，这种能力就能保护机体。这没错，不过同时也保护它自己；但当理性添加了之后，它被置于一个统治地位，所有原初的自然赋予物都被置于它的保护之下。于是，理性永不放弃保卫先前各元素的职责，它的任务就是支配这些元素，引领生活的整个航程。所以我对你的老师们的矛盾之处真的惊异不已。自然的欲求，他们称之为'horme'，还有职责，甚至美德本身，他们都算为合乎自然的事物。但当他们想要到达至善时，他们又把这一切都跨越过去，留给我们两个任务，而不是一个，有些事我们要'采纳'，有些要'渴求'，而不是把两个任务包括在一个目的中。

15. "但你抗议说，如果不是美德而是其他事物构成幸福，那么美德就不可能确立。事实恰恰相反：若不把她所取舍的事物都看作指向善的同一个整体，就不可能找到美德的立足之所。如果我们完全忽视自己，就会陷入亚里斯托的错误和谬论，忘了我们所确定的作为美德自身之源头的事物是什么；即使没有忽视这些事物，我们若不是把它们看作终极目的或至善，就仍有可能走在通向伊里路斯般奢侈的路上，因为我们不能同时接纳两种不同的生活规范。伊里路斯设立了两种分离的终极之善，假设他的观点是对的，他就应当把它们联合为一；但事实上，他把两者截然分开，非此即彼，当然就是对立的两极。因此若不认为最初本能的目的是为了构成总体的善，真理就是你所说的东西的反面，美德就是绝对的不可能。因为我们所寻找的美德是保护而不是抛弃自然本性的美德；而你所主张的美德却只保护我们本性的某一部分，把其他部分弃之不顾。人的构成本身，如果可以这么说的话，会站出来宣称，它最初的欲望的试探性活动是为了保护自己与生俱来的本质特性。但在那个阶段，自然的主要意图还没有完全显现出来。好，现在假设它已经显现了，那会怎样呢？难道不是应当理解为禁止忽视人的任何自然部分？此外还有别的更好理解吗？如果人只是由理性官能构成，可以承认诸善的目的只在于美德，那并无所谓；但如果他还有身体，那么你的本性的显现必然要求我们放弃我们先前认为已经显现出来的那些事物。照此下去，'按自然本性生活'的意思就变成放弃自然本性。有些哲学家从感觉上升到更高贵、更属灵的认知能力之后，就把感官弃之一边。同样，你的朋友们紧跟本能欲望之后看到了美德的全部的美，然后就把美德本身之外的其他东西全部扔掉，忘了整个本能欲望的范围是非常广阔的，从最初的欲望对象一直延伸到终极目的，没有认识到他们正在拆毁他们敬慕不已的恩典的根基。

16. "因而在我看来，凡定义诸善之目的就是道德行为的人都是错误的，只不过有些人错得更离谱一点而已。最大的错误者无疑就是弗罗，因为他的美德概念根本不是欲望的对象。其次是亚里斯托，他不敢完全否认欲望，于是就把智慧者的欲望解释为'偶然想到之物'和'突然闪现之物'的动机。亚里斯托比弗罗好一点的地方在于他承认某种欲望，但比其他人糟糕，因为他完全脱离了自然。而斯多亚学派像已经提到的哲学家一样，把诸善的目的看作唯一的美德；但在努力为美德行为寻找一个根基时，显然在弗罗的基础上有了提高，他们不是依赖于'闪现在脑海中'的幻想之物，这一点比亚里斯托进步。但是他们虽说某些'合乎自然'的事是'因其自身之故被接纳的'，却同时拒绝把它们包括在诸善之目的中，就此而言，他们也抛弃了自然本性，而且程度与亚里斯托相差无几。亚里斯托造出意义含糊的'闪现在脑海中的事物'，而斯多亚学派确实意识到自然本性的最初目的，但并没有把它们与诸善的目的或总体联系起来。他们认为最初的目的是'更令人喜爱的'，从而承认事物中有某种选择原理，就此而言，似乎是遵从本性的，但同时又拒不承认它们对幸福有什么意义，所以还是抛弃了自然本性。

"以上所述意在表明为何芝诺脱离先前的权威是毫无道理的。现在，我们把注意力转向其他观点。当然，加图，如果你想要对此说些什么，就先听你说；或者你是否认为我已经说得太多了。""两个回答都是否定的，"他回答说，"我渴望听你讲完你的观点，所以你的论述在我看来一点也不冗长"。"多谢你，加图，"我接着说，"我最渴望的事不就是讨论美德的话题以及一切美德的范式吗？但是，首先我要请你注意，我想，凡是认为诸善之目的唯有在于美德的人必然都会同意。你的所有观点中最重要的一点，整个体系的核心，即唯有道德价值才是善，以及道德生活就是诸善的目的。而你的另一观点，即如果除了道德价值之外还有其他什么东西能与它相提并论，就不可能构建美德概念，也必会得到我刚刚提到的这些哲学家赞同。在我看来，要在芝诺与玻勒谟——芝诺接受了他关于自然本性的最初冲动的教导——的争论中作出公正的评价，应该从他们两人都认可的基本原则出发，然后指出什么地方芝诺首先叫停，什么时候两人出现分歧，而不应站在那些根本不承认至善基于自然本能——这一点正是芝诺与玻勒谟郑重宣称的——的思想家的立足点上，还与他们使用同样的观点和理论。

17."我强烈反对的另一点是，当你证明了（你这样认为）道德价值是唯一的善之后，就转过来说，当然把我们的本性设为起点必是有许多好处的，在这些好处中间作出选择，就可能产生美德。须知，以为美德在于某种选择行为是错误的，因为这暗示那终极的善本身还要寻求其他东西。可以肯定，诸善的总和必然包括一切值得接受、值得选择或渴求的东西，所以，凡获得至善的人不可能再需要其他东西。而就那些以为至善在于快乐的人来说，他们应当做或不应当做的事是非常清楚的，没有人会对自己的职责范围，对必须致力于什么、避免什么有什么疑惑。或者只要承认我现在所主张的至善，人的职责是什么、哪些行为要遵循，就立即变得一清二楚。但是，你所能想到的标准全是抽象的公正和道德原理，所以不可能为职责和行为找到源泉和起点。在寻找这样的起点时你们所有人——不论是那些说自己遵从闪现在脑海中的事物的人，还是你自己——都不得不回到自然。你们都会遭到大自然非常公正的回答：既然行为的源泉在于她本身，就不应当去别的地方寻找幸福的标准；有一个单一原理必然能够涵盖行为的源泉和终极之善；正如亚里斯托的理论——此物与彼物之间没有任何区别，除了美德与邪恶，其他事物之间无可选择——是完全不可信的，同样，芝诺的错误也在于认为：（1）除了美德或邪恶，没有其他东西能影响至善的获得，哪怕一点点；（2）虽然其他事物对幸福没有任何影响，但它们对我们的欲望有所影响，似乎——如果你允许这样说——欲望与至善的获得毫无关系似的！然而，他们先是确定至善，然后回到自然，向她要求行为或职责的最初动机，还有比这样的程序更自相矛盾的吗？对行为或职责的考虑并不能产生动机去追求符合自然的事物；相反，正是这些事物激发欲望，产生行为的动机。

18."现在我来讨论你对所谓的'结论'的那些简洁证明。先来看以下这个推论，其实任何推论都可以这样简洁：'凡是善的都是可赞美的；凡是可赞美的都是道德上高贵的，因而，凡是善的都是道德上高贵的.'真是虚张声势!请问,谁会承认你们的大前提?(如果承认这一点,小前提就没有必要了;既然凡善的都是可赞美的,那么凡善也是高贵的)请问,除了弗罗、亚里斯托及其追随者(他们的理论是你所拒斥的),谁会在这一点上同意你?亚里士多德、色诺克拉底以及他们的所有追随者都不会承认,因为他们称健康、力量、财富以及许多其他东西为善,但不会说这些东西是值得赞美的.这些人虽然认为诸善的目的不局限于美德一个,但视美德高于其他东西;但是那些把美德与诸善的目的完全分开的人,伊壁鸠鲁、希洛尼姆斯以及支持卡尔耐德的人,你认为他们的态度会是什么?或者卡利弗、狄奥德罗,把道德价值与另一个属于完全不同的范畴的东西结合起来的人,他们能同意你的前提?那么加图,你是否把有争议的前提看作理所当然的,然后从这些前提推出你所想要的结论?再者,以下证明是一种连锁推理,按你的说法是最为错误的推论形式:'凡善的必是所希望的;凡所希望的必是渴求的;凡渴求的是可赞美的',如此等等,但我要在这里叫停,因为正如前面一样,谁也不会承认凡渴求的就是可赞美的.至于你的另一论点,绝不是'结论',只是蠢话而已,当然责任在于斯多亚学派的领袖,而不在于你本人:'幸福是值得自豪的事,而没有道德价值的东西不可能是值得自豪的事.'就小前提①来说,玻勒谟会同意芝诺,他的导师以及他们整个学派,还有那些虽然认为美德远远高于其他一切东西但仍拿另外某些东西与美德一起定义至善的哲学家都会同意.如果美德是可自豪的东西,事实确实如此,远远优于其他一切事物,其优胜程度无以言表,那么玻勒谟必会因为仅仅拥有美德而没有其他东西而幸福,但他不会承认唯有美德才能算为

---

① 即唯有道德的事才是可自豪的事.

善。另外，那些认为至善不需要美德的人也许会倾向于认为幸福包含了骄傲的理由，但他们有时确实把快乐也描述为值得自豪的东西。

19. "所以你看，你提出的假设或者不可能得到认可，或者即使得到认可，对你也没有任何好处。就我自己来说，关于所有这些斯多亚学派的三段论，我原本以为应该与哲学相称，于我们自己有益，尤其是当我们所探讨的题目是至善时，论证应当改善我们的生活、目的、意图而不只是纠正我们的术语。那么你说你喜欢的那些简明扼要的论证有没有可能使人改变自己的意见呢？这里的人都渴望知道为何痛苦不是恶，斯多亚学派告诉他们说，虽然痛苦是可恼、可厌、可恶，不合乎自然，难以忍受，但它不是恶，因为它不包含虚伪、邪恶或恶意，没有一点道德上的过失或卑鄙。人听了这样的话，有的可能会想笑，也有的可能不想笑，但无论如何听了之后并不比听之前变得更能忍受痛苦。但你说，凡认为痛苦是恶的人，没有谁能是勇敢的。你自己都承认令人厌烦、几乎无法忍受的东西，他为什么得更勇敢地去忍受它？胆怯源于事实，而不是语词。你断言如果改变一个字，整个体系就会崩溃。那么你认为我在改变一个字或者整页整页地改变吗？即使承认斯多亚学派的体系确实如你所赞美的那样方法上井然有序，逻辑上完全联结（如你所描述的），但如果它从错误的前提出发，我们仍然不必因为它的自我一致、前后连贯就得接受推论过程。须知，你的老师芝诺在构建首要原理时抛弃了自然；把至善放在智性的卓越上，也就是我们所说的美德，宣称唯有道德价值才是善，并且如果美德之外的其他事物中还有某物比另一物更好，那美德就不可能确立。他坚守从这些前提推出的逻辑结论。一点没错，我无法否认推论的逻辑性。但是结论是完全错误的，所以推出这些结论的那些前提也不可能是对的。因为逻辑学家告诉我们，如你所知道的，如果从某个命题推出的结论是错的，推出这些结论的那个命题本身必然是错的。以下的三段论就基于此，它不只是正确的，而且是自明的，逻辑学家把它作为公式接受：如果 A 是 B，那么 C 就是 D；但 C 不是 D，所以 A 不是 B。因此，既然你的结论是令人不安的，你的前提也必同样是令人不安的。那么你的结论是什么呢？就是凡不智慧的人一律是可怜的，凡智慧的人全是极乐的；一切正当行为都是同样的，一切罪都是同等的。这些格言乍听起来似乎振聋发聩，但仔细检查一下就会发现不那么可信。就常识来说，自然的事实，真理本身似乎在大声抗议：没有什么能使它们相信，芝诺说同等的那些事物之间确实没有任何分别。

20. "结果，这小小的弗伊尼西亚（Phoenicia）人（你知道你这位西提乌姆的当事人原本是从弗伊尼西亚来的①）虽然带着他那个种族特有的机智，却发现大自然全副武装地跟他作对，自己全然失利，于是就开始在词语上做文章，不断改变措辞。首先，在我们学派里称为善的事物，他称之为'有价值的''合乎自然的'，开始承认虽然某个人是智慧的，也就是说是极其幸福的，但他若同时拥有'合乎自然'（芝诺不敢称之为善）的事物，也并不能给他带来什么好处。他主张，柏拉图即使不是智慧的，也不会像暴君狄奥尼修一样，因为狄奥尼修不可能获得智慧，他最好的归宿可能就是死；而柏拉图有获得智慧的希望，并且确实获得了更美的生活。其次，他承认有些罪是可忍受的，有些是不可饶恕的，因为有些罪严重犯规，有些稍轻一点。而且有些愚拙人愚不可及，根本不可能得到智慧，而有些经过艰苦努力

---

① 芝诺来自塞浦路斯的西提乌姆（Citium in Cyprus），据说曾是弗伊尼西亚殖民者；众所周知，弗伊尼西亚人非常灵巧。

还是可以获得智慧。他的所有这些话虽然语言上很独特，但在含义上与其他人并无两样。事实上，对于他自己否认是善的事物，他并没有比那些认为它们是善的人少重视一点。那么他为何要改变它们原有的名称呢？他至少应该减少它们的重要性，至少应该比漫步学派少看重它们一点，这样才可能在含义上有所分别，而不只是语词的不同。再者，你以及你们学派对幸福本身，也就是万物的终极目的和目标是怎么认为的？你不会认为它是自然所需要的一切事物的总和，而认为它只在于美德。看来，所有的争论通常不是在事实上，就是在名称上；无视事物或者术语错误都会引起这种或那种形式的争论。如果这两方面都没有出现分歧，我们就必须小心使用最广泛接受的术语，以及那些最恰当的，也就是最清楚地表达事实的术语。我们能不能说，如果早期的哲学家在事实上没有错误，他们的术语就是比较方便使用的术语？我们就来看一下他们的观点，稍后回到术语的问题。

21. "他们说，当合乎自然的某物呈现在脑海中，就激发欲望；凡符合自然本性的事物都有一定价值，它们的价值与各自拥有的重要性成正比；就那些合乎自然的事物来说，有些本身并不激发我们一直在谈论的欲望，这些既不是尊贵的，也不是可赞美的，有些则是每种生命造物快乐的对象，在人还是理性的对象；那些依赖于理性的事物称为尊贵的、美的、值得赞美的；而前一类则称为自然的，伴随着有道德价值、能提供完全幸福的事物。他们还认为，在所有善的事物中——他们称之为善，但并没有比认为它们不是善的芝诺更重视它们——最杰出的是道德价值，就是值得赞美的东西。但是，如果有人要在道德价值加健康与道德价值加疾病之间作出选择，那么毫无疑问，自然本身会引导我们选择哪一个，当然无论如何，道德价值都是非常强大的，远远胜过其他一切事物，任何赏罚都不可能使它偏离它断定为正确的东西，自然赋予我们的美德能把一切艰苦、困难和障碍踩在脚下，倒不是说这些苦难本身很容易克服，或者变轻了（否则美德的功劳如何体现），而是引导我们认识到这些事物不是决定我们幸福与不幸的主要因素。总之，芝诺称为'有价值的''可接受的''合乎自然的'事物，古人冠以'善'的名称；生活中如果包含大量上述这些事物或者其中最重要的，就称为幸福的生活。芝诺则相反，认为唯有其自身有一种独特魅力使它成为值得渴求之事物的东西才是善，唯有美德的生活才是幸福生活。

22. "加图，如果讨论转向事实，你我之间不可能有什么分歧，因为只要我们对术语作必要的改变，比较一下实际内容，就会发现你的观点与我的完全一样。芝诺没有意识到这一点，被华丽的语言蒙蔽了。他若是认真想一想自己所说的话，想一想他所使用的那些词汇的实际含义，他与弗罗或者亚里斯托之间能有什么分歧呢？另外，即使他拒斥弗罗和亚里斯托，他既然在实质思想上与他们一致，只在词汇上争论不休有什么意义呢？假设柏拉图的那些学生复活了，学生的学生也复活了，他们会这样对你说吗？'马库斯·加图，当我们聆听你这样虔诚学习哲学的学生，如此公正的人，如此正直的法官，如此谨慎的证人时，令我们大为惊讶的是，究竟是什么东西诱使你拒斥我们，选择斯多亚学派，他们关于善恶的观点就是芝诺从玻勒谟那里学来的，只是用了一些不同的术语，这些术语乍看一下了不得，细看一下可笑得很。如果你是根据那些观点本身的价值而接受它们，那么为何不采用它们自己的术语？如果你是受了权威的影响，那你能拒斥我们所有人，甚至柏拉图本人吗？尤其是当你立志担当国家的领导角色时，我们就是给你兵器、给你装备的人，以你本人的最高荣誉保卫国家。是我们创设了政治哲学，并使它成为一种体系，它的命名、它的原理，全是我们的作品；政府的各种形式，它们的稳定、变革，城邦的法律、机构和习俗，所有这些我们都已经作了全面详尽的论述。演讲是政治家最引以为豪的优点，我们得知，你在这方面非常杰出，但关于我们的原理的记载完全可能使你的口才更加出众。'请问，对于这些人的这些话，你能作出怎样的回答？"加图说，"我会恳请你做我的发言人，如你代他们说出这番话一样。或者，要不是现在我更希望聆听你的论述，我会恳请你容我有机会自己回答他们，也希望有时间，也就是当我回应你的时候一起回答你的拥护者"。

23. "加图，如果你真的想要回答，你得这样说：你怀着对如此富有天赋的人的至高权威的满心尊敬，发现斯多亚学派最终找到了真理，尽管在早期他们肯定没有看到；斯多亚学派更深入地讨论了同样的主题，得出了更大胆也更深刻的结论。首先，他们说良好的健康不是渴求的，而是值得选择的，不是因为健康是善，而是因为它有某种积极价值（但并没有比那毫不犹豫地称之为善的早期学派赋予它更大的价值）；其次，你无法容忍那些蓄胡子①的老顽固（我们这样称呼我们的罗马人先辈）相信一个有道德的人如果还有健康、财富和名誉，那他的生活比起一个同样是善的，但就像恩尼乌斯的阿尔马伊翁（Alcmaeon in Ennius）那样'受困于疾病、流放和贫穷'的人更可取、更好、更令人向往。那些老头子，因为昏庸迟钝，以为前一种生活更令人渴求、更优越、更幸福，而斯多亚学派则相反，认为它只是在选择上优先，不是因为它是更幸福的生活，而是因为它更合乎自然。我们必须认为斯多亚学派洞悉到了一种他们的先辈都没有看到的真理，即因犯罪、谋杀而名誉扫地的人并不比那些虽然一生虔诚、

---

① 早期罗马人蓄胡子，但西塞罗之前已经有好几代人养成了刮胡子的习惯。

正直但还没有获得完美的智慧者更不幸。正是在这一点上，你提出了那些斯多亚学派如此喜欢用的完全错误的类比。当然，每个人都知道，如果有几个人沉入了深水，想要出来，那些已经接近水面的人虽然更可能呼吸到空气，但其实与沉在水底的那些人一样还是不能呼吸。你由此推出，美德上的改善和进步无益于把人从十恶中拯救出来，唯有当他真正获得了美德才有可能，就如从水底升到水面之下无益于呼吸，唯有真正钻出了水面才能呼吸一样。再者，正如快要睁开眼睛但还没有睁开的小狗与刚刚出生的狗仔一样看不见，同样，还没有完全获得智慧的柏拉图与法拉里一样愚蠢无知。

24. "加图，美德上的进步与你所描述的例子——无论怎样进步，只要他没有真正摆脱想要摆脱的境况，就不会有任何改变——之间实在没有任何可比之处。人唯有升到水面之上才能呼吸，小狗还没有完全睁开眼睛，就什么也看不见，像瞎子一样。好的类比应该是这样的：这人的视力很差，那人的身体很虚弱；那就治疗，对症下药，于是他们一天比一天好，这人的视力越来越清晰，那人的身体越来越强壮。凡热心追求美德的人也莫不如此，在追求中一天天接近善，他们的邪恶和错误一天天减少。你肯定不会认为老提伯里乌斯·格拉库斯（Tiberius Gracchus）不比他儿子更幸福，因为前者献身于国家的兴旺，后者致力于国家的毁灭。但老格拉库斯并不是智慧者；谁是呢？何时、何地、如何是呢？他不过是立志为名誉和荣耀努力，因而在美德上已经到达了一个很高的点。拿你的祖父德鲁苏斯（Drusus）与盖乌斯·格拉库斯（Gaius Gracchus）作比较，两人几乎是同时代人，后者使国家遭殃，前者努力治愈后者造成的创伤。如果没有任何东西能像不忠和犯罪那样使人如此不幸，假设所有愚拙人都是不幸的——当然他们确实如此——但无论如何，服务于自己国家的人不可能与渴望国家毁灭的人同样不幸。因而，那些确实在美德之路上取得了进步的人就是大大减少自己的邪恶的人。然而，你的老师们虽然承认美德的进步，却否认邪恶的减少。当然检查一下这些聪明人用来证明其观点的基础是很值得的。他们的思路如下：就包含进步的技艺或科学来说，有正面的进步，就必有反面的退步；但美德是绝对的，不可能增加；因而美德的对立面邪恶也如此，不可能减少。那么请你告诉我，一种确定性能否解释不确定性，或者不确定性能否反驳确定性？我们知道，有些恶比另一些恶程度更深，这是确定的；但至善，如你们斯多亚学派所认为的，是否可以增加是不确定的。然而你们不是用确定的东西来说明不确定的东西，而是力图用不确定的东西来否定确定的东西。因而，同样的论证——就像我刚刚所用的——就可以把你驳倒。如果证明一种恶不可能比另一种恶更恶，要依赖于诸善的目的——如你所设想的——本身不可能增加这一事实，那么你必须改变你的诸善之目的，因为所有人的恶并不是同等的，这一点确定无疑。无论如何，我们必须承认，如果结论是错的，它的前提就不可能是对的。

25. "那么你们为何落到这样的僵局呢？很简单，就是因为你们的骄傲和虚荣构建了你们的至善。主张唯一的善就是道德价值，无异于毫不关心人的健康、财产管理、政治参与、日常事务、生活职责；不仅如此，还要放弃那道德价值本身，因为在你们看来，它既是一切的存在，也是一切的终结；这激起克律西坡强烈反对亚里斯托。这种困难产生了那些'自欺欺人的可鄙自负'，如埃提乌斯（Attius）所说的。如果把欲望完全摒弃，智慧就没有立足之所；如果一切选择和差异都一律取消，欲望也就随之消失；如果万物都变得完全等同，毫无区别，就不可能有差异。这些混乱导致你们的悖论，比亚里斯托的悖论更糟糕。他的悖论，不管怎么说，还是坦诚、公开的，而你们的则完全是言不由衷的。问亚里斯托是否认为没有痛苦、财富、健康就是善，他必回答说不。问问芝诺，他的回答很可能完全一样。我们再满怀惊奇地问两人，如果我们认为健康与疾病、没有痛苦与备受折磨、不受饥寒与忍饥挨冻于我们全无分别，那么我们如何能引导我们的生活呢？噢，亚里斯托说，你会过得非常精彩，你的所作所为必是你看为善的，你永远不会知道什么是悲哀、欲望或恐惧。芝诺怎么说呢？他告诉我们说，亚里斯托的这种理论是哲学上的丑八怪，使生活根本不可能进行；他的观点是，虽然道德（高尚）与卑鄙之间有一条巨大的鸿沟是肯定的，但其他所有事物之间却没有任何分别。这与亚里斯托是一样的；但再听下面的话，如果可能，请你尽量克制，不要笑。芝诺说，这些居间的事物，彼此之间毫无分别，但仍然有这样的性质，有些应该选择，有些必须摒弃，还有的则要完全忽视；也就是说，这些事物中，有些是你希望拥有的，有些是希望没有的，还有些是你不在乎的。——'但你还刚刚告诉我们说，它们之间毫无分别呢。'——'我现在也这样说，'他必会回答，'但我的意思是说在美德和邪恶上毫无分别。'

26. "请问，这谁不知道？不过，我们还是来听听他要说什么。——'你所提到的东西，'他接着说，'健康、财富、没有痛苦，我不称之为善，但我会用希腊语'proegmena'表示，在你们的语言里就是'提出'（但我宁愿用'喜欢'或'杰出'这样的词，它们听起来更动听，更容易接受）。另外，疾病、贫穷、痛苦我也不称之为恶，但如果你愿意，我要称之为'拒斥之物'。所以，我不说'渴求'这些事，只说'择取'，不说'希望'，只说'接受'，对它们的对立面不说'避免'，而说'抛弃'。亚里士多德以及柏拉图的其他弟子是怎么说的？

他们把一切合乎自然的事物称为善，把一切违背自然的事物称为恶。因而你知道你的导师芝诺与亚里斯托之间只是措辞一致、实质殊异，而他与亚里士多德以及其他人之间则实质一致、用词不同了吧？我们既然都承认同一个事实，那为何不选择使用通常的术语呢？或者请他证明，我只要相信钱财是'更可取的东西'就可以比我相信它是善更容易鄙视它，只要我说痛苦是令人讨厌的、难以忍受的、违背自然的，就会比我称它为恶更能勇敢地忍受。我们的朋友马库斯·庇索（Marcus Piso）常常非常机智，但他最机智的地方是在这一点上嘲笑斯多亚学派。'什么？'他说，'你告诉我们财富不是善，却又说它是"更可取的"，这于事何用呢？你有否减少了贪欲？怎么减少的？如果这是一个词语的问题，那么首先，'更可取的'比起'善'这个词来太长了。'——'那没关系。'——'无论如何，就承认它吧，毕竟它能给人更深的印象。我不知道'善'源于什么，但我想'更可取'是指位于其他事物之前；这在我看来就是某种非常重要的东西。'由此他会指出，芝诺既认为财富是'更可取的'，就应比亚里士多德更重视财富，因为后者承认财富是一种善，但不是至善，与正直和道德价值相比是可看轻可鄙视的，也不是大力渴求的。对于芝诺在术语上的创新，他一般会说，芝诺给那些他不认为是善也不认为是恶的事物取的名称，一个个看，似乎多少比我们使用的名称更有吸引力些。这就是庇索所说的，你知道他是一个卓越的人，也是你本人的朋友。就我来说，我得添加几句话，然后总结陈辞。说实话，要对你的所有论证一一回应实在是个艰巨的任务。

27. "你们还玩同样的措辞花招，使用诸如王国、帝国、财富这样的词，财富的范围非常之广，你干脆说世上的一切都是智慧者的财产。你还说，唯有他是英俊的，唯有他是自由人、公民，而愚拙人则恰恰相反，而且还是疯子。斯多亚学派称这些为'paradoxa'，我们可以称之为'惊人的真理'。但就近细看，究竟有什么惊人之处？我想就你所赋予每个词的含义请教你——是请教，不是争论。你们斯多亚学派说所有罪过都是同等的。我曾在你起诉路西乌斯·缪莱那（Lucius Murena）而我为他辩护时用同样的话题取笑你，① 但现在我不会那样做。那一次，我的听众是陪审团，而不是学者，所以，我甚至还得有点夸张地发挥，以便打动听众，但现在我必须用比较严密的理性推论。所有罪过都同等。——请问，为什么？——因为没有什么比善更好，或者比恶更坏。——请作进一步解释，因为对此有许多不同观点。我们不妨用你的特定论证来证明为何所有罪过皆同等，——设想，我的对手说，有许多琴弦，其中一根拨不成调，于是所有的弦全都不能成调；过犯也是一样，一切过都是偏离了规范，所以它们都同等地偏离规范，所以全都一样。——这里我们被某种含糊性分散了注意力。所有的琴弦都不成调；但不能由此推出它们是同等地不成调。所以你的类比于你无益，我们不能这样推论：因为我们宣称每种贪婪都是贪婪，所以必须宣称它们全都是一样的。还有另一个错误的类比：我的对手说，一个船长损失了一船草与损失了一船黄金所犯的过失是同等的；同样，一个人毫无理由地打自己的父亲与打自己的奴隶所犯的过错也是同等的。——请设想一下，船的性质以及航海员的技能与此竟是毫无关系！所以不论他载的是黄金还是稻草对于航海术的好坏毫无关系；然而父亲与奴隶之间的区别是不可能也不应当忽视的。因此，冒犯对象的性质，在航海上没有意义，在日常行为上却意义重大。事实上，在航

① 见西塞罗 *Pro Murena* 里的著名段落 60—66。

海上也同样如此，如果船舶失事是由于疏忽，失去黄金就比失去稻草的过失更大。因为我们认为，众所周知的美德——谨慎覆盖所有技艺，每一个技艺领域的技术人员都应当拥有这样的美德。所以，关于罪过的同等性的证明也就立不住脚了。

28. "然而，他们固执己见，毫不让步。他们争辩说，每种罪过都表明性格的软弱和不稳定，而所有的愚拙人都以同样的方式具有这些缺点，因此，一切罪过必是同等的。似乎一切愚拙人有同等程度的恶是公认的，似乎路西乌斯·图布卢斯与帕布利乌斯·斯卡渥拉（为自己的定罪提出法案）的软弱与不坚定是完全一样的；似乎各种罪过所处的环境之间毫无分别，所以不论环境的影响多大，所有罪过都同样大小！因而（现在我的论述必须有个总结了）在我看来，你的斯多亚学派的朋友们所苦恼的一个最大缺陷在于，他们以为自己能同时坚持两种相反的观点。同一个人既说道德价值是唯一的善，又说我们有自然本能去追求有益于生活的事，还有比这更大的自相矛盾吗？因此，他们想要保留与前一理论一致的观念，就陷入了亚里斯托的立场；他们若是想要避免这种局面，就得接受实际上的漫步学派的观点，只是在术语上还顽强抗争。由于不愿走下一步，把这套术语除掉，最后变得比以前更加粗糙、不雅，风格甚至态度上都充斥着粗鲁和暴躁。潘奈提乌斯力图避免斯多亚学派的这种不雅、令人反感的变化，同样指责它理论上的粗鲁和逻辑上的琐碎晦涩。所以，他在理论上比较成熟，在风格上更加清晰。柏拉图、亚里士多德、色诺克拉底、塞奥弗拉斯图斯以及狄凯库斯（Dicearchus）的名字经常挂在他的嘴边，如他的作品所表明的。我极力建议你对这些作者要作最认真的研究。夜晚已经降临，我得回家了。今天就讨论到这里，不过我希望能常常更新这次谈话。"他回答说，"肯定会的，不然我们怎么能更好利用它呢？我最想恳请你同意的是听我如何反驳你所说的话。但请记住，你实际上接受了我们的所有观点，只是对术语上的不同使用持保留意见，而我则相反，对你们学派的教义完全不能接受。""好一个临别赠言！"我说，"不过，等着瞧吧。"于是我就告别走了。

1. 我亲爱的布鲁图——我曾与马库斯·庇索一起（这是我的习惯）在称为托勒密学院（School of Ptolemy）的楼里听安提奥库斯（Antiochus）的课。与我们一起参加的还有我的兄弟奎图斯（Quintus）、提图·波姆波尼乌斯（Titus Pomponius），以及我爱如兄弟其实是我大堂兄的路西乌斯·西塞罗（Lucius Cicero）。我们安排下午时间在学院里散步，主要因为这个地方每天那个时候非常安静，鲜有人迹。于是我们在指定的时间到约定地点就是庇索的住处相聚，然后离开迪比龙门（Dipylon Gate）走四分之三公里路程，一路上讨论各样话题，谈笑风生。当我们走到学院的路径——那是非常著名且名副其实的学院之路——时，如我们所希望的那样，我们可以完全独享它们。于是庇索评论道："这是一种本能直觉，或者只是一种幻觉，我说不上来，但是亲眼看到这样的地方，据记载是历史上名人最喜欢的休养胜地，这比听到他们的事迹或者读到他们的作品更能唤起人们的强烈情感。我此时此刻的感受就是这样。我想起了柏拉图，我们所知道的第一位哲学家，就是常常在这里讨论哲学的。事实上，那边关闭的园子不仅使人回想起他，而且似乎把他这个真实的人带到了我的眼前。这原是斯彪西波、色诺克拉底、色诺克拉底的学生玻勒谟经常光临的地方，他们常常坐在我们看到的那边那个位置。就我自己来说，就是看到我们家乡的元老院（我是指 Curia Hostilia，不是指现在新建的楼，那院楼扩建之后，这新楼在我看来倒显得小了），① 也使我常常回想起斯西比奥、加图、莱伊利乌斯，以及他们的领袖我的祖父。没想到这些地方还有这么大的力量，难怪科学训练记忆是以方位辨识力②为基础的。"

"非常正确，庇索，"奎图斯说，"我自己在路上刚刚注意到那边的克罗努斯村（Village of Colonus），使我想起曾在那里居住的索福克勒斯，你们知道，他是我最敬佩、最喜爱的人。事实上，我的记忆还要往前追溯，我的眼前浮现出俄狄浦斯（Oedipus）走向这个地方，用那最温柔的诗句问，'这是什么地方？'——这无疑只是一个幻觉，但仍然使我感到震撼。"

"就我来说，"波姆波尼乌斯说，"你们喜欢抨击我是伊壁鸠鲁的信奉者，我确实有很多时间与斐德若在一起，你们知道，他是我在伊壁鸠鲁学园③（我们刚刚经过它）中最好的朋友。但我遵循古老的格言，'多想那些活着的人。'当然我仍然不可能忘记伊壁鸠鲁，想忘也忘不掉。我们团体的成员不仅有他的画像，甚至还把他的像刻在他们的水杯上、指环上。"

2. "至于我们的朋友波姆波尼乌斯，"我插话说，"我想他是在开玩笑；毫无疑问，他是公认的富有机智幽默的人，他深深地扎根于雅典，几乎就是个雅典人；事实上，我希望他能得到阿提库斯的别名。④ 不过，庇索，我同意你的说法。确实，地点能强烈地激发我们对名人的想象，栩栩如生地再现他们的形像。你记得

---

① 传统上把这元老院归于图卢斯·赫斯提利乌斯（Tullus Hostilius）王，在这次对话前一两年由苏拉扩建。

② 拉丁文为 sit，或可译为记忆力、位置和地点等。

③ 伊壁鸠鲁传给弟子的一所学院。

④ 这事后预言表明西塞罗的朋友和通信者是因为长期定居在雅典才有这个最为人所知的名字。

我曾与你一起去梅塔坡图姆（Metapontum），我坚持先去看毕达哥拉斯临死的地方和他所坐的位置，而不愿去我们要住的房子。我知道，整个雅典在名人生前住过的地方都有许多纪念物，但此时此刻，吸引我的是那里的壁龛，因为不久前它还属于卡尔耐德。我想象现在看见了他（他的形象是多么熟悉），我还能想象他常坐的那个地方如何怀念他说话的声音，如何悲叹失去了那样智慧的人。"

庇索说："是啊，我们都有某种牵挂吸引我们，那么使我们年轻的朋友路西乌斯感兴趣的是什么呢？他是否喜欢观赏德谟斯提尼（Demosthenes）和埃斯切尼（Aeschines）常常论辩的地方？而我们都特别受我们自己喜好的学问之影响。"

"请不要问我，"路西乌斯红着脸回答，"事实上，我已经去斐勒鲁姆海滩（Bay of Phalerum）参观过了，他们说德谟斯提尼常常在岸上吊嗓子，练习声调，以便能盖过喧哗。我还刚刚向右转下去，参观了伯里克利（Pericles）的陵墓。但是，这座城市实在没有哪里是终点，无论我们到达哪里，都是踩在历史的土地上。"

庇索说："西塞罗，如果这些热情能引导年轻人以伟人为榜样，对他无疑会有一些益处；但是，如果只是激发他对古籍的好奇，那就只能浅尝辄止。然而，我们大家都称赞你——当然我希望这是在鞭策一匹情愿奔驰的马——除了了解你的英雄人物之外，还决心仿效他们。""他已经在实践你的格言，庇索，"我说，"你是知道的；不过仍然非常感谢你对他的鼓励"。"好，"庇索带着他那惯常的和蔼表情说，"让我们大家齐心协力提高这孩子的造诣，尤其是促使他对哲学产生一些兴趣，或者以你为榜样，因为他对你有特殊感情，或者使他得到更好的训练，以适应他所从事的研究领域。但路西乌斯"，他问，"你需要我们的督促吗？或者你自己天生就有学习哲学的倾向？你一直在听安提奥库斯的课，在我看来还是一个非常专心的学生。""我尽力想要这样，"路西乌斯略带羞怯或者确切一点说是腼腆地说，"不过，你们最近可听过关于卡尔耐德的讲演？我被他深深吸引了；安提奥库斯则在另一方面打动我；此外就没有别的什么人的课可听了"。

3. "也许一下子不是很容易，"庇索说，"尽管我们的朋友"（指我）"路过这里，我还是要放胆建议你放弃目前的新学园派，转向老学园派，你也从安提奥库斯听到他们的名字，不仅包括那些以学园派学者著称的人，如斯彪西波、色诺克拉底、玻勒谟、克兰托（Crantor）等，还包括早期漫步学派，他们的创立者亚里士多德，如果没有柏拉图，我几乎认为他就配得哲学王的称号。所以我恳请你学习他们。从他们的作品和思想中可以学到整个文化、历史和风格；而且他们还涉及大量不同的学科，没有这些学科给你装备的知识，你不可能进一步去从事更高的职业。它们产生了演说家、指挥家和政治家。再来看稍逊一筹的职业，这家生产各个学科专家的工厂还出产数学家、诗人、音乐家和物理学家"。"庇索，你知道我们对此持相同的看法，"我回答说，"你提出的观点非常恰当，我的堂兄西塞罗急于想听你讨论老学园派和漫步学派关于诸善之目的的理论。我们相信你能驾轻就熟地阐述，因为你让斯塔赛亚斯（Staseas）从那不勒斯（Naples）到你家里住了好多年。我们也知道你到雅典投身在安提奥库斯门下专门就这个题目学了好几个月"。庇索笑着回答："你既然巧妙安排，让讨论从我开始，那好吧，让我来看看能给这孩子上一堂什么样的课。在此以前，如果有神谕预言说我会像一个哲学家那样在学院里讲演，我肯定不会相信，但现在似乎就是这样，感谢我们可以独享这个地方。只是在我帮助我们这位年轻朋友时希望不

要让你们其他人感到厌烦。""什么，我会厌烦？"我说，"难道
不是我请你讲演的吗？"奎图斯和波姆波尼乌斯也说他乐听其
言，于是庇索就开始讲了。布鲁图，我恳请你看一看他的阐述是
否很好地概括了安提奥库斯的理论，我知道你非常赞同安提奥库
斯的理论体系，因为你经常参加他的兄弟亚里斯图斯（Aristus）
的讲课。

4. 于是庇索作了如下的讲演："我在不久前已经尽可能简洁地
概述了漫步学派关于教育价值（educational value）的理论。它的
结构与大多数其他体系一样，是三重的，第一部分讨论自然，第
二部分讨论讲演，第三部分讨论行为。对于自然哲学，漫步学派
研究得非常全面，天空、海洋、陆地（比较诗意的说法），没有哪
一处没有涉及。不仅如此，在讨论存在的元素和宇宙的结构时，
他们所确立的理论很多不只是通过可能性推测，而是使用了大量
事实材料——这些材料是他们亲自考察，发现了其他人没有观察到
的事实所获得的——通过令人信服的数学证明确立的。亚里士多德
对一切生命物的出生、营养和结构作了详尽的阐述，塞奥弗拉斯
图斯对植物的生长过程以及一般果蔬机体的原因、结构作了详尽
阐述；由此获得的知识大大有利于对一些非常模糊的问题的考察。
在逻辑上，他们的体系里除了辩证法，还有修辞法则；它们的奠
基者亚里士多德开始对每个话题提出赞同和反对的论据，不像阿
尔凯西劳那样总是反驳每个前提，而是列出每个话题正反双方可
能提出的论证。第三部分哲学考察人的福祉的法则。漫步学派也
讨论这个问题，不仅有关于个人行为的原理，还有关于国家管理
的原理。从亚里士多德我们可以学习各种规矩、风俗和制度，从
塞奥弗拉斯图斯还可以学习法律，几乎包括所有国家的法律，不
仅有希腊的，还有外邦人的。两人都描述了一个政治家应有的品
质，还详尽论述了最好的政体形式；塞奥弗拉斯图斯对这个话题

讨论得更加全面，论到政治变化的力量和时机，以及情势所需要的控制能力。在选择理想的行为模式时，他们高度评价隐修生活，致力于沉思和学习的生活。他们说这是与智慧者最相配的生活，是最接近诸神的生活。他们在讨论这些话题时，风格既超凡脱俗又富有启发意义。

5. "他们论至善的著作分为两类：一类是通俗作品，他们通常称之为'exoleric'；另一类比较精雕细琢。① 后一类专论他们都记在笔记本上。这一特点有时使它们显得有些不一致；但事实上就他们的理论主体来说，我所提到的这些哲学家彼此没有一点分歧，他们各自的阐述也没有自相矛盾之处。只是就所探讨的主要对象即幸福，哲学必须思考并探讨的问题，即幸福是否完全受智慧者的支配，或者逆境可以损害、破坏幸福，有时他们中间会出现一些分歧和疑惑。这主要是由塞奥弗拉斯图斯的著作《论幸福》（*On Happiness*）引发的，书中赋予了时运相当分量的意义，果真如此，光有智慧就不可能保证幸福。这个理论在我看来——如果可以这么说——太使人泄气，太缺乏勇气，实在与美德的力量和尊严不相适应。因此我们最好还是看亚里士多德和他的儿子尼各马科（Nicomachus）的理论。人们把尼克马科在伦理学上的精辟论述归于亚里士多德，这没错，但我不明白为什么儿子就不能赶超父亲。② 无论如何，我们还是可以使用塞奥弗拉斯图斯的大多数观点，只要我们坚持，与他所认为的相比，美德有更大的力量、更

① 亚里士多德的现存作品中，不仅伦理学专著，而且除了最近刚发现的作品之外，所有其他作品都属于这一类。

② 亚里士多德的主要伦理学著作取名为《尼各马科伦理学》，以区别于他的另两篇伦理学作品：《欧德谟伦理学》（*Eudumian Ethics*）、《大伦理学》（*Magna Moralia*）。书名可能暗示此书是献给尼各马科的，也有可能是尼各马科编辑的，但不可能是他写的，因为他很年轻就死在战场上了。看来西塞罗似乎从未读过这本书，或者读过忘记了，因为他完全没有注意到它的独特理论。

强的坚定性。我们就只限于谈这些权威。他们的后继者在我看来实在比其他任何学派的哲学家更优秀，但与其先辈相比又大大逊色，倒让人以为他们是自学成才的。一开始，塞奥弗拉斯图斯的学生斯特拉图（Strato）准备成为自然哲学家，但尽管他在这一领域非常伟大，很大程度上仍然是个创新者；而在伦理学领域他几乎一无所有。他的后继者吕科（Lyco）风格宏富，但内容相对比较贫乏。吕科的学生亚里斯托非常优雅，但没有我们所指望的一个伟大思想家应有的权威；他写了很多作品，并且写得不错，但不知怎么他的风格总是缺乏一点分量。

"我略过了一系列作家，包括博学、有趣的希洛尼姆斯。其实，我知道完全没有理由把后者归到漫步学派行列，因为他把至善界定为'没有痛苦'，而我们知道，坚持不同的至善观就是坚持完全不同的哲学体系。克里特劳斯（Critolaus）宣称要效仿古人，他确实在影响力上最接近他们，也有类似的风格，但就是他，也仍然没有真正遵守古人的原理。他的学生狄奥德罗把道德价值与脱离痛苦等量齐观，他自己也赞成这种观点。既然对至善的看法不同，我们就不能恰当地称他为漫步学派的。我们的导师安提奥库斯在我看来则非常严谨地坚持古人的理论，而古人的理论按他的教导是与亚里士多德和玻勒谟一致的。

6. "因而我们年轻的朋友路西乌斯得到的建议是非常好的，应该首先听关于至善的教诲。你只要在一个哲学体系里确立了那一点，也就确立了一切。在其他题目上，有点不完全或不确定不至于引起太大的错误，但这个话题举足轻重，生死攸关，稍一失足就成为千古之恨。因为至善问题上的不确定必然导致行为原理的不确定，而行为原理的不确定必然使人远远偏离方向，不知道驶向哪里靠岸。另一方面，如果我们确定了事物的终极目的，知道终极的善和终极的恶，就找到了生活的地图，一切职责的示意图，因而就找到了每一种行为参照的标准，由此也就能找到并建构众人所渴求的幸福的法则。

"但关于至善的构成有许多不同看法。这里我们采纳卡尔耐德的分类法，我们的老师安提奥库斯也非常喜欢用这种方法。卡尔耐德回顾了种种至善观，不仅包括迄今为止哲学家确实主张的至善观，还包括可能主张的至善观。然后他指出没有哪门学科或技艺能作为它自己的起点，它的主题必然始终在它之外。没有必要扩展或说明这一点，因为很显然，没有哪门技艺只关注自己，技艺与它所讨论的主题是不同的。比如医学是关于健康的技艺，航海术是关于驾驶船舶的技艺；同样，谨慎或实践智慧是行为的技艺，由此可知，谨慎也必然有另外的东西作为它的基础和出发点。从实践上讲，大家都承认谨慎所涉及的题目以及它所要达到的目的必然是与我们的本性密切相关的东西，它必然能够直接引发、唤醒某种欲望的冲动，就是希腊语里称为'horme'的。但是，在我们存在的最初时刻，究竟什么激发了我们本性中的这种欲望冲动，人们对此意见不一。正是在这一点上，学习伦理问题的学生中间出现了不同看法。关于善恶目的的整体探讨，关于它们中间哪个是终极者的问题，其根源可见于最初的自然本能，找到这些自然本能就找到了水源，找到了善恶之争的起点。

7."一学派认为我们最初的欲望是寻求快乐，最初的反感是痛苦；另一学派认为摆脱痛苦是最初接纳的事，最先避免的就是痛苦，还有的从所谓的符合自然的最初事物开始，比如身体各部分的完好、安全、健康、正常的感觉、没有痛苦、力量、美，诸如此类，与此类似的是最初的智性优点，这是美德的火花和种子。这样看来，这三类事物中必有一类最先激发我们的本性或欲求或躲避，它不可能是这三类之外的其他东西。由此可知，每一种正当的躲避或追求行为都是以其中之一为对象，由此其中之一必构成谨慎——我们说它是生活的技艺——的主题，谨慎从中获得整个行为的最初动机。

"这样，谨慎决定上述三类事物中的哪一类作为最初的本能冲动之对象，就产生对应的关于正当和道德价值的理论。因而道德或者在于一切行为致力于对快乐的追求，即使最终不能获得快乐本身；或者没有痛苦，即使无法保证；或者在于获得合乎自然的事物，即使一点也得不到。可见，关于善恶目的的不同概念之间的分歧完全对应于关于最初自然对象的观点之间的分歧。始于同样最初对象的其他人也分别把是否真的获得快乐、摆脱痛苦、获得合乎自然的原初事物作为判断正当行为的唯一标准。

"至此我们提出了六种至善观。后三种的主要支持者有：快乐理论，阿里斯底普斯；没有痛苦的理论，希洛尼姆斯；享有我们所称的合乎自然之最初事物的理论，卡尔耐德——也就是说，这一观点最初并不是他创立的，他支持它只是出于论述的目的。前三种都是理论上可能的观点，但唯有一种有人真实主张，不过，这种观点很有力度，气势逼人。没有人说，快乐是行为的唯一目的的意思乃是，获得快乐的意向（即使没有真正获得快乐）本身是值得渴求的、道德的、唯一的善。也没有人说，避免痛苦的努力本身就是令人向往的事，与是否真的能避免无关。另一方面，道德在于尽一切努力获得合乎自然之物，这种努力就算不成功，其本身也是唯一值得渴求的、唯一的善，斯多亚学派所主张的其实就是这种观点。

8. "简单地说，这就是善恶目的论的六种观点，其中两种没有人主张，其余四种都有实际的支持者。关于至善的复合的或二重的定义，总的来说有三种，如果仔细考察一下各种情形的本质，最多不超过三种。① 一种将道德与快乐结合，卡利弗、狄诺玛科斯（Dinomachus）采纳这种观点；一种与没有痛苦结合，支持者有狄奥德罗；还有就是与最初的自然对象结合，这是古人的观点，也就是我们所说的学园派和漫步学派的观点。

"然而，要一下子把我们的整个理论阐述清楚是不可能的，现在我们只需要注意，快乐必须摒弃，理由是我们的本性倾向于更伟大的事物，这一点稍后就会表明。实际上，没有痛苦也可以与快乐一样摒弃。我们也无须寻找其他论证驳斥卡尔耐德的观点，任何关于至善的阐述若不包括道德价值的因素，所提供的体系就必然没有职责、美德或友谊的立足之地。而且无论是把道德价值与快乐结合，还是与没有痛苦结合，都会贬损它所支持的道德原理。主张将这样两种行为标准——一种说摆脱恶是最大的善，另一种则只关心我们本性中最轻率的部分——结合起来，这如果不是玷污，也必然有损于道德价值的整体光芒。剩下的还有斯多亚学派，他们的整个体系都是从漫步学派和学园派那里接受过来的，只是换了些名称，换汤不换药。

"讨论这些不同学派的最好方式应该是一一驳斥，但目前我们必须处理正事，讨论正题，我们可以在闲暇时再讨论其他学派。

"德谟克利特的至善观，即心灵的平静或宁静，他称之为'euthumia'的，必须排除在讨论之外，因为这种心理上的平静本身就是所讨论的幸福；我们所探讨的不是幸福是什么，而是产

---

① 这显然是不对的，就形式上的完整性来说，卡尔耐德应当设了六种复合目的，把道德价值与对三种欲望的最初对象的"追求"一一结合，再与每一种的"获得"结合。但在这一点上他无疑感到自己的图式是不现实的，于是就取消了，因为根据阿里斯底普斯、伊壁鸠鲁和斯多亚学派，道德价值分别是对快乐、没有痛苦、本性之善的追求。

生幸福的东西是什么。此外，被怀疑和摒弃的弗罗、亚里斯托、伊里路斯的理论也不能带入我们所划定的圈子里，所以我们一直不想思考它们。关于善恶的目的或者界限（可以这么说）的整个讨论必须始于我们所说的合乎自然的东西、欲望最初追求的对象（因其本身而追求）。但是，有些人认为，在不包括道德价值或道德败坏的领域，没有理由选择这个事物，舍弃其他事物，认为这些事物应该是完全没有分别的，这些人完全取消了以上所说的起点。伊里路斯若是真的认为除了知识没有什么是善的，那么也同样破坏了理性行为的每个动机、正当行为的一切指引。

"由此我们剔除了所有其他哲学家的观点，这些观点都是不可能的，因而必须认为古人的理论是好的。那么我们就学习老一辈哲学家的做法，斯多亚学派也采取的做法，这样开始思考。

9. "每种生命物都爱自己，从出生之初就力求保证自己的安全；因为自然本能赋予它最初的冲动，作它终身的保护，这就是自我保护的本能，根据它的本性为自己提供最好条件的本能。刚开始时这种倾向还是模糊而不确定的，所以它只是致力于自我保护，不论它的特点是什么；它不明白自己也不知道自己的能力和本性是什么。然而，当它长大一点之后，开始明白不同的事物如何影响自己、与己相关，于是就开始渐渐进步。自我意识初露端倪，生命物开始理解为什么自己拥有前述这些本能喜好，开始努力获得它认为与自己本性相符的事物，拒斥相反之物。因而每一生命物都在与自己本性相符的事物中找到自己欲求的对象。于是就出现了诸善之目的，即按自然生活，追求可能的最符合自然的最好状态。同时，每种动物都有自己的本性，所以，对所有的生命物来说，终极目的在于实现自己的本性（难道不是所有低级动物都有某些共同的东西，而且也是低级动物与人所共有的？否认这一点是毫无道理的，须知，一切众生皆有共同的本性），但就我们所探讨的终极、最高目的来说，不同动物必然各不相同，每一种类都有自己特定的、与自己的个性要求吻合的目的。因此当我们说一切生命物的目的都是按其自然生活时，不可理解为是说万物都有一个完全相同的目的。正如我们说所有的技艺和科学都有共同的特点，追求某一领域的知识，同时每一门技艺各有自己特有的专属于它的知识领域；同样，一切动物都有共同的目的，就是按自然生活，但它们的本性各不相同，所以对马来说这是符合它的本性的，对牛来说那才符合它的本性，对人来说又是另一样子，然而，都有一个最高目的，这一点是共同的，而且不仅在动物中如此，在一切自然赋予它营养、生长和保护能力的事物中也莫不如此。我们注意到，在这些事物中，植物——在某种意义上——也能做出它们特有的一系列有助于其生命和生长的行为，以便使它们达到自己类别的最高目的。最后，我们可以在高度概括的意义上毫不犹豫地说，包括一切生命存在的一切事物的本性都是自我保护，以在自己属类中可能的最好状态中保有自己为目的和目标；所以，一切生来赋有生命的事物都有类似但不相同的终极目的。由此我们可以推导出这样的推论，人的终极之善就是按自然生活，初步的理解就是，按人的本性获得全面发展，满足一切需要。当然我们还得进一步解释这个理论，但如果需要大量的解释，你得耐心忍受。因为这可能是路西乌斯第一次听到这类话题的讨论，我们必须原谅他还年轻。""非常正确，"我说，"不过，你目前的论述风格其实适合于任何年龄段的听众"。

10. "那么，"他接着说，"解释了什么原理决定什么事物是值得渴求的之后，接下来我要说明为什么这个问题就是如我所说的那样。我们不妨从我最先确立的并且也是事实中首要的立场出发：我们要明白每个生命物都是爱自己的。这一事实确定无疑，因为这实在是最基本的自然事实，每个人都可以从自己的感官直接得知，这么明显的事实，要是还有人拒不承认，那他就是充耳不闻、熟视无睹了。然而，尽管如此，步骤还是不能省略，我想我还得解释一下为什么如此。无论如何，你怎能设想某个动物会恨恶自己？这样的设想在概念上就是自相矛盾的。生命物若是与自己为敌，我们所说的本能喜好就会有意把对自己有害的东西引到自己身上；而且它这样做是为了自己的缘故，因而这生命物就同时既恨自己又爱自己，这自然是不可能的。另外，如果一个人是他自己的仇敌，那么他必把善的当成恶，把恶的当成善；这样他就会避开应该渴求的，寻求应当躲避的；但这样就必然意味着把整个生活完全颠倒。有些人想用绞绳或其他方式结束自己的生命，也许会有这样的举动，但这些人，或者泰伦斯所说的人，[①]就是（按他自己的话说）'决心让自己受苦以减少儿子所造的孽'的人，不会被作为恨恶自己的人记载下来。他们的动机有的是因为悲伤，有些是因为苦难，还有许多人由于愤怒而失去理智，眼睁睁地陷于毁灭，还一直幻想他们所做的事是为了自己最大的利益。因此他们说，并且非常真诚地说：

> 这是我的方式，按你自己的方式做吧。[②]

真正宣称反对自己的人会渴望天天受折磨、夜夜遭苦难，他们不会责备自己，反而会说他们受人误导，行事不慎，这样的抱怨恰恰表明他们爱自己、关心自己。由此可知，无论何时说一个人毁了自己，说他是自己最大的敌人，说他厌倦生命，你都可以相信其中包含某种真正的含义，证明以下推论是正确的，就是从

---

① 自我折磨的人。
② 泰伦斯 *Heautontimorumenos*，1.80。

这样的例子中也可以推出，每个人都是爱自己的。只说凡活着的人没有哪个恨恶自己是不够的，我们还必须认识到，凡活着的人没有谁会认为自己的境况如何与己毫无关系。如果我们认为自己的环境是与己无关的问题，感到我们的处境是绝对中性的，那么欲求官能就会毁灭，对真正毫无关系的事物我们才可能保持中立态度。

11. "同样，如果有人想要提出这样的观点，虽然人爱自己是事实，但是事实上，这种本能情感是指向另外的对象，而不是指向产生这种情感的人本身的，那岂不荒谬至极。若说这是指友谊，正当行为或美德，不论对错，还有点可以理解，但就我们自己而言，说我们爱自己是为了另外的目的，比如是为了快乐，那是毫无意义的。显然，我们爱自己不是为了快乐，相反，快乐是为了我们自己。每个人不仅爱自己，而且实在是爱自己至深，还有比这更不证自明的事实吗？试问，有谁，有多少人面对死神的降临能够'面不改色、心不跳'？毫无疑问，面对生命的终结如此畏缩后退是错误的（面对痛苦这样胆怯是羞耻的），但事实上每个人都有这种感情，这令人信服地证明我们的本性害怕毁灭。越是有人这样——他们实在没必要如此害怕，那是可羞的——就越证明若没有一定程度的本性的胆怯，就不可能出现这种反应过分的罕见例子。我不是指那些怕死的人恐惧死的心理——因为他们认为死就意味着失去生活中的美物，或者因为害怕死后会有某些恐怖之事，或者害怕死是很痛苦的事；非常小的孩子，从来没有想过这些事物，如果我们开玩笑地威胁他们要把他们从高处扔下去，他们也会吓得不行。帕库维乌斯说，就是'野兽'，

虽然没有预见后果的推理能力。

一旦充满对死的恐惧，也会'吓得毛发直竖'。就是智慧者，虽然已经决心赴死，但要离开自己的朋友，仅就离开白日之光明而言，谁会说他无动于衷呢？由此可见，本能冲动的力量是何其明显，许多人甘愿忍受嗟来之食，只是为了能活下去，年老体衰的人面对死亡的临近苦苦挣扎，忍受那些戏剧里的菲罗克泰特所忍受的折磨；菲罗克泰特虽然遭受无法忍受的痛苦，但还是猎捕野禽维系自己的生命；如埃提乌斯所描述的，'他站着射向雨燕的翅膀，用箭慢慢刺入雨燕的身子'，把羽毛编织起来给自己当衣服。既然花草树木的本性都几乎是如此，我还有必要说人类或一般意义上的动物吗？至于这种能力是否如非常博学的人所认为的，是某种更高、更神圣的力量赋予的，或者是偶然获得的，在我们看来，植物通过根和茎保护自己，动物有感官和结构完美的四肢保证自己的生存和安全。在这个问题上，我承认那些主张所有这些东西都是自然规定的观点是对的，因为自然若不顾及它们，它自己的存在就不可能。不过那些对此不以为然、持相反观点的人，我也允许他们保留意见，凡是当我提到'人的本性'时，他们可以随己愿认为我的意思就是指'人'，这没有任何关系。因为个体不可能失去寻找与自己有益之事物的本能，就如他不会失去自己的个性一样。因而，最智慧的权威都非常正确地在自然本性中找到至善的根基，认为这种欲求与我们本性相适之事物的本能是内在于一切人的，因为它的基础是使人爱自己的本能力量。

12. "我们已经充分表明了自爱是一种自然本能，接下来必须检查人的本性是什么，因为我们所探讨的对象就是人的本性问题。显然，人是由身体与心灵构成的，当然心灵的作用更加重要，身体稍逊。然后我们进一步考察人的身体结构优越于其他动物，人的心灵结构不仅有感觉，还有理智这种支配因素，可以命令人的整个本性顺服于它，还赋有令人惊叹的理性、认知、知识以及一切美德的能力。事实上，身体的能力在重要性上不能与心灵相提并论。而且身体的能力也比较容易理解。因而我们就从这些能力开始。

"显然，我们的身体结构是非常精巧的，它的整个外貌、形式、高矮都合乎我们的自然；那特别构造的眉头、眼睛、耳朵以及与人相配的其他器官，一眼看去就能认得出来。当然这些器官必须是健康的、强壮的、功能正常的，每部分都必不可少，哪一个都不能失常或者衰退——这是自然本性的要求。此外，还有一定形式的身体活动使动作与姿态合乎自然，如果动作或姿态扭曲、畸形、失常——比如，有人用手走路，或者不是面朝前走，而是背朝后走——就会使人显得与自己格格不入，似乎他失去了特有的人性，恨恶自己的本性。因此，某些坐姿，无精打采，懒洋洋的动作，一副吊儿郎当、没有男子汉气概的样子，都是不合乎自然的，虽然事实上是源于心灵的缺陷，但在人看来是形体上悖逆了人的本性。相反，身体的姿态、状况、活动控放自如，就是与自然和谐一致。

"现在来看心灵，它必然不只是存在，而且具有一定的气质；它必然各部分都完整无损、充满美德。感官也有几种美德或优点，就是能不可阻挡地发挥其迅速、直接地感知感觉对象的功能。

13. "另一方面，心灵以及心灵的支配部分即称为理智的部分拥有许多优点或美德，可以归纳为主要的两类：一类包括出于自己的本性的内在优点，被称为非选择的或自发的；另一类取决于我们的意愿，通常在比较特定的意义上称为'美德'。后者是心灵非凡的荣耀和特点。属于前者的有迅速接受和记忆的能力；实际上，凡属这一类的优点都囊括在一个名称即'天赋'之下，拥有这些优点的人就是所谓的'天才'。另一类包括各种高尚的美德——这是专门的名称——就是我们所说的依赖于意志决定的优点，比如谨慎、自制、勇敢、公正诸如此类的美德。

"关于身体和心灵的简短而必要的阐述就谈到这里。它概括地指出了人的自然要求是什么，清楚地表明我们爱自己，渴望身心的各种功能都很完美，那些功能因其本身之故为我们所爱，对我们的普遍幸福至关重要。人既以自我保护为目的，就必然对自己的各个部分充满感情，越是这样，就在自己的族类里越完全、越可敬。我们所渴求的生活是充满身心的各种美德的生活，这样的生活必然构成至善，因为它必然到达所渴求之事物的极限。毋庸置疑，这一真理认识到，人爱自己是为了自己、出于自愿，身心的各个部分，运动或静止时所展示的各种功能，无一不是因其自身的魅力显得令人尊敬，为其自身之故让人渴求。从这些解释可以欣然推出，我们能力中最令人渴求的就是那些具有最高内在价值的，所以最渴求的优点就是我们最高贵部分的优点，其令人渴求也是出于自身之故。结论就是，心灵的优点必高于身体的优点，心灵选择的美德必优于自发的优点；前者确实就是特别称谓的'美德'，之所以显得特别优秀，是因为它们源于理性这种人身上最神圣的因素。无生命或者几乎无生命的物体完全置于自然支配之下，它们都有各自身体上的至善，因此我想，论到猪时说它得赐了某种心智，如同盐，避免它变坏，这样说是非常聪明的。

14. "不过，有些动物，比如狮子、狗和马，也拥有类似美德的东西。在这些动物身上，我们不仅看到与猪同样的身体上的运动，还有某种程度上的心理活动。然而，就人来说，全部意义都属于心灵，属于心灵中的理性部分，那是美德的源泉。美德的定义就是理性的完全，① 漫步学派认为这一理论不能阐述得太多。

"植物也有不同于动物的生长发育至成熟的过程，因此我们可以说葡萄树是活的或死的，说一棵树年轻或年老，生命力旺盛或枯竭；所以植物与动物一样，可以说有些东西是合乎它们的自然的，有些则不合乎自然；它们的生长和营养由养母，即种植的科学技术负责，对它们修剪、梳理、扶直、抬升、支撑，使它们朝着自然所指定的目的生长，直到葡萄自己——如果它们能开口说话——承认这就是它们应有的处理和护理方式。当然事实上，照料葡萄——就拿这具体的例子来说——的能力是在于葡萄之外的东西，不借助于栽培过程，葡萄自身没有足够的力量使自己充分生长。但是，假如葡萄得到了感觉能力，使它有一定的欲望和运动力，那么你认为它会做什么呢？它岂能不尽力为自己提供原先需借助于种植者才能获得的益处？但你知道它会如何进一步留意保护自己的感知能力，它们所有的欲望本能，以及可能产生的额外器官？这样，它会把它始终拥有的属性与那些后来获得的东西结合起来，于是就有不同于农夫原先打算的目的，渴望按它后来获得的那个自然生长。所以它的目的或善必类似于，但不同于原先的目的，它不再追求植物的善，而是追求动物的善。再设想它不仅获得感觉，还有人的心灵，那么结果岂能不是这样：原先的属性仍然保留原先关注的目的，这些新得的属性成为它更爱的对象，而心灵中最优秀的部分则成为它最爱的部分？理智和理性既是一切能力中最高级的，它的终极目的或至善岂能不在它本性的这种最高阶段中寻找？由此就出现了欲望对象系列的最后阶段，也就是说，从最初的自然吸引力出发，一步步上升到顶点，

---

① 美德的这一定义以及它高于理智优点的理论（与亚里士多德的观点正好相反）其实是斯多亚学派的信条，安提库斯把它强加给漫步学派。

完全的成就就是身体的完整性与理性的思维能力的最完全阶段相结合。

15. "我们自然的计划既是如我所解释的那样，那么如我一开始所说的，如果每个人一出生就能知道自己，理解自己整个本性以及它的各个部分，他可能立即就知道我们所探讨的问题的真正本质所在，即我们所追求的最高最终的对象，他也不会在任何事上犯错。然而不管怎么说，事实上，我们的本性刚开始时令人奇怪地躲避着我们，我们无法完全认识或理解它。随着我们渐渐长大，才能慢慢地或者我该说迟缓地——事实如此——了解自己。所以，自然赋予我们最初的趋向自我的感觉是模糊不清的，最初的欲求本能只是保护自己的安全，不受外来的伤害。然而，当我们开始环顾自己，开始认识自己的本质与其他生命物的不同，就开始追求本性所意向的对象。我们可以在低级动物身上看到与此类似的过程。起初他们无法离开出生之处，然后在欲望本能的驱使下开始移动。我们看到小蛇蜿蜒滑行，小鸭游水，乌鸦展翅，牛用角，蝎子用毒钩；每一种动物都有自己的本性引导它的生活。同样的过程在人类中也清晰可见。刚出生的婴儿无助地躺着，好像没有生命似的；当他们多了一点力气之后，就想施展自己的理智和感官；他们想直立，使用自己的双手，认识自己的乳母；再后来与其他孩子嬉戏取乐，参与游戏、爱听故事；他们想把自己的财富慷慨地分给别人；他们对自己家里的事盘根究底；他们开始思考和学习，想要知道所看见的人的名字，在与伙伴比赛中因胜利而高兴，因失败而沮丧、伤心。在这个成长的每一阶段都必然有一个原因。人的能力天生就是这样构成的，所以看起来获得每一种美德似乎都是设计好的。孩子无须教育就能按美德的样式行事，因为他们在自身里拥有美德的种子，这是我们的本性最初的要素，它们发芽开花之后就结出美德的果子。我们一出生就包含行为、情感、自由、感激这些原始本能；我们还有天生的理智，能接受知识、谨慎、勇敢，躲避与之相反的。因此我们看到孩子身上有我所提到的美德之火花是有原因的，这火花可以点燃哲学家的火把，使他跟随理性这神圣的向导，从而达到自然的目的。因为如我多次指出的，年幼之时理智很软弱，对我们本性的各种能力就像蒙着层雾那样看不清楚，随着理智成长、强壮，渐渐知道我们本性的能力，同时意识到这种本性还能进一步发展，它凭自己只达到了一种不完全的状态。

16. "因而我们必须深入事物的本性，完全理解它的需要；否则我们就不可能了解我们自己。那格言说得实在高贵，我们无法认为是出自人之口，于是就归功于某个神——庇提安·阿波罗（Pythian Apollo）命令我们'学会认识你自己'；而通往自我认识的唯一道路就是知道我们身体和心灵的各种力量，选择能够充分发挥它们功能的生活方式。

"既然我们最初的欲望本能是使前述各部分获得完全合乎自然的发展，那么必然可以说，当我们获得了所欲求的对象之后，我们的本性就达到了其最终的目的，这就是我们的至善；这目的作为整体必然是内在欲求的，在于它本身并为了它本身，由此必然可以推出，它的各部分也已经表明是因其本身而为人所欲求。

"然而，如果有人认为我们忽略了快乐，所以对身体优势的罗列是不完全的，那么我们就把这个问题推延到另外的时间进行讨论。至于快乐是不是我们所说的合乎自然的原始事物，与我们现在的论题没有任何关系。如果如我所指出的，快乐对自然的善的总量没有任何增加，那完全可以忽略不计。如果相反，快乐确实有某些人所认为的属性，那也不会损害我们关于至善所说的一般概括；把快乐加到我们所解释的自然的原始对象上，只不过是在身体优势的名单上多添一条，不会改变所提出的关于至善的解释。

17. "至此，我们所展开的论证完全是建立在自然的原始吸引力上。但由此出发我们要采取一种不同的推理思路，即除了论证自爱之外，还要表明，我们本性的每个部分，包括身体和心灵上的，都拥有自己独特的能力，这一事实进而证明我们各部分的活动都有非同寻常的自发性。先来看身体，你是否注意到人们怎样想方设法隐藏残缺、受伤、不健全的肢体？只要可能，他们确实费尽心机地掩藏身体上的缺陷，或者至少让它尽可能不显眼；他们甚至甘愿承受治疗的痛苦过程，只为恢复肢体的自然面貌，即使它们的实际功能不仅不会提高，反而会有所下降。事实上，由于每个人都有与生俱来的念头，认为自己的整体就是值得渴求的对象，这不是为了其他什么目的，就是出于他自己的缘故，由此可以推出，当某物作为整体因其自身之故为人所欲求，它的各部分也必因其自身之故值得欲求。另外，在身体的运动和姿态中，自然本身是否论断说没有一样是有意义的？人的行姿坐态，举手投足，我们是否认为没有一样与自由人相配或不配的？我们岂不是常常说此人真可恶，就该遭人嫌，因为他的某些动作、姿态显得与某条自然律法或原理不吻合？人既然想方设法要消除这些外表上的缺陷，那美岂不完全有权利被认为是因其本身而值得欲求的？我们既然认为身体上的不完美或残疾本身就是应当避免的，岂不同样或者更有理由追求完美的身形本身？既然我们要避开的是身体上的丑陋动作和姿态，岂不就该追求美吗？健康、强壮、摆脱痛苦也一样，我们渴求它们不只是因为它们的实用，也因为它们本身之故。由于我们的本性旨在让它的各部分全面发展，她欲求那种身体状态本身，那是与自然最相吻合的；否则，如果身体生病、有伤痛、软弱无力，她就会陷入完全的混乱状态。

18. "我们再来看心灵各部分，那是比较高贵的部分。它们越高贵，就越能准确无误地提供自然的指示。我们天生就有爱学习、爱知识的倾向，这种爱是如此之大，没有人能怀疑人天生就被这些事物强烈吸引，即使没有一点实际用处。我们岂没有注意到，孩子如何对周围的世界学习探索，孜孜以求，大人的处罚也阻止不了他们？逐走了又复来，逐走了又复来。他们乐于了解事物，渴望与他人分享知识；历史剧、游戏以及诸如此类的表演使他们着迷，他们甚至为能看这些东西而忍饥挨饿。再看喜欢文科七艺和学习的人，我们岂不是看到他们一旦沉醉于知识和研究，对身体健康和日常事务都毫不关心，耐心忍受一切不适和不便，获得知识的快乐就是对他们无穷无尽的辛苦和汗水的报偿？就我来说，我相信荷马在创作、记载海妖塞壬三姐妹（Sirens）的魔歌时肯定想到了这样的东西。显然，常常吸引来往航行者的不是她们甜美的声音，不是她们新颖而丰富的诗歌，而是她们的专业知识；正是对知识的热情使人们身不由己地驶向塞壬三姐妹所住的石崖边。这是她们邀请去乌利赛斯（Ulysses）的诗（我已经把它与荷马的其他段落都翻译出来了）：

> 乌利赛斯，阿尔戈斯（Argos）的骄傲，停止咆哮，
> 请听我们的音乐。
> 航海家驶过这些碧蓝的水域时从未一驶而过，总是
> 　停下来，
> 被我们甜美的声音吸引，灵魂充满和谐，
> 回家路上就成了更智慧的人。
> 我们知道可怕的冲突，毁灭的战争，
> 希腊人在天使的指挥下冲向特洛伊，

大地上的一切都轰然倒下。①

荷马知道，如果把他的英雄缠住的魔术只是一首毫无意义的歌，那他的故事就会显得不那么可信。塞壬三姐妹所提供的恰恰是知识，如果爱智慧的人爱知识胜过爱自己的家，这毫不奇怪。当然，对什么知识都孜孜以求，只能使人对什么事都浅尝辄止，但必须相信，高尚心灵的标志就是在思考高级事物中对知识产生炽热之爱。

19. "你想想，阿基米德（Archimedes）对学习充满多大的热情，他沉迷于一个公式，在地上不断演算，连自己的城市沦陷了也毫不知觉！我们看到亚里斯托森努斯（Aristoxenus）在音乐理论上投入了怎样的精神！想象亚里斯托法尼斯（Aristophanes）终身致力于文学的热情！还有必要说到毕达哥拉斯、柏拉图或德谟克利特吗？我们知道，他们出于对知识的渴求可以穿越地球到它最遥远的角落！人若对这样的事实熟视无睹，就永远不可能陶醉于某种高尚而有意义的学习。鉴于此，有人宣称我所提到的学习是为了精神上的愉悦而追求的，这些人没有看到，事实上即使根本无利可得，心灵对这样的学习仍然感到喜乐，即使拥有这样的知识可能对人有明确的不利，也对追求知识乐此不疲，这样的事实不就证明了追求知识是为了知识本身吗？对于如此显而易见的道理还有必要进一步探讨吗？我们不妨这样问自己，我们为何对星辰的运动感兴趣，喜欢沉思天体，钻研自然界一切模糊、奥秘的领域；我们为何如此喜欢跟踪历史，去追溯最遥远的细节，挖掘被忽视的部分，溯及源头，从中获得快乐？我不是不知道历史不仅是有趣的，也是有用的，但我们读小说能引出什么实际用

---

① 《奥德赛》（*Odyssey*）12，184 以下。

途呢？为何还乐此不疲？我们为何急于知道那些成就了伟业的人的名字、出身、出生地，以及其他许多根本不重要的细节？身贱位卑的人，普通的技工，不可能在公共生活中占有一席之地，这样的人能从历史中获得什么快乐呢？我们还可以注意，最想听、最想看公共事务消息的人就是那些年事太高无法参与公共生活的人。因此我们不得不推出这样的结论，钻研和知识的对象本身包含魅力，吸引我们去钻研，去学习。古代哲学家描绘智慧者的生活必是这样的：住在勃莱斯特（Blest）岛上，远离喧哗，没有焦虑，无需生活设施或装饰，无事分心，只是一心一意学习、研究自然科学。另一方面，我们看到人们在这样的学习中不仅享受幸福生活，而且还能减轻痛苦，因此许多人在陷入敌人或暴君之手或者入狱、被流放时，就在追求学问中抚平忧伤。斐勒鲁姆的统治者德谟特里乌斯（Demetrius）被不公正地驱逐出自己的国家，到亚历山大里亚（Alexandria）的托勒密王的王宫里当修理工。由于他在我们推荐给你的哲学理论上非常卓越，又是塞奥弗拉斯图斯的学生，所以他就利用这场灾难所提供的闲暇时间撰写了大量优秀著作，不是为了对自己有什么实际用处，因为他远离公共事务，而是为了在耕耘心灵过程中为自己的高贵本性找到一种食粮。我本人多次听过盲人执政官、学者格奈乌斯·埃菲底乌斯（Gnaeus Aufidius）的话，他说他感到没有知识的盲人比没有视力的盲人更不方便。最后拿睡眠的恩赐来说，若不是它给我们的身体带来休息，解除劳动的疲劳，我们会认为它是违背自然的，因为它剥夺了我们的感知觉，完全中断了我们的活动；所以，如果我们的本性不需要休息或者可以用另外的方式获得休息，那会怎样心满意足，因为事实上我们不断地驱赶自己的困顿，为了事业或者学习甚至到了违背自然的程度。

20. "更加引人注目的，事实上也是非常显明而令人信服的自然指示，不仅在人身上不缺乏——这当然是毫无疑问的——而且每一种生命物也有积极追求持续活动的表现。无论如何，永久不动是无法忍受的。这一点可以在幼小的孩子身上极其明显地看到，也许有人会认为我过分强调这一观察对象，但老一辈思想家都同意这是不可忽视的领域，他们——尤其是我自己的学派——全都去过托儿所，因为他们相信大自然最清楚不过地在孩子身上显现她的计划。我们注意到，就是小婴儿也无法保持静止不动。稍大一点的孩子就喜欢需要费力更巨的游戏，就是受罚的威胁也不能禁止他们参与这样的活动。这种对活动的热情随着年龄的增长而增加。就是保证能做最舒服的梦也不能使我们接受永远入睡，恩狄米翁（Endymion）的命运在我们看来并不比死更好。看看人群中最懒的人，就是臭名昭著的懒汉，其身心也在不停地活动；就算他可以不做人人要从事的职业，也不可能真的什么都不做，或者去找骰子游戏板，没有兴趣了就去参加某种运动，或者找人聊天，在俱乐部或某种无聊的聚会中消磨时光，以替代更高级更智性的活动。就是我们关在笼子里取乐的野兽也觉得囚禁讨厌，尽管在笼子里可以比在野外得到更好的食物；它们想念天生的自由权利，无拘无束的活动。因此越能干、越完全的人，如果无法参与事务，就越觉得生命无意义，尽管可以坐享最大的快乐，仍然不愿活下去。有能力的人或者选择以私人活动为主的生活，如果有雄心大志，就立志从事政治家或军事家的公共生活，或者全身心致力于学问和知识。致力于学问的人绝不以获得快乐为目的，事实上，他们得忍受担心、焦虑、没有睡眠的痛苦，在施展人性中最高贵的部分，我们里面最神圣的部分（因此我们必须考虑理智和理性的极大优势）时，他们不是寻找快乐，避免劳苦；他们全身心钻研古人的发现，或者开拓自己新的研究；他们对钻研的欲望永不满足，为此忘却其他一切，没有一丝卑劣或狭隘的念头。这些追求的吸引力是如此之大，就是那些追随另外的诸善目的，用实用或快乐来界定它的人，也可能终身都在考察、探索自然本性的过程。①

21.“总而言之，我们天生就是指向活动的，这是显而易见的事实。至于活动的类型，非常之多，可以说越是重要的活动，就越不会黯然失色。最重要的活动（根据我自己的以及那些我们正在讨论其理论体系的人的观点）首先是对天体和自然奥秘的沉思和研究，唯有理性才能深入从事这样的活动；其次是政治实践和理论；最后是谨慎、自制、勇敢、公正以及其他美德原理，还有与此一致的活动，所有这些我们可以概括为一个词，就是道德价值。当我们长大成熟，就可以在自然自身的引导下从事探求知识以及实践知识的活动。一切事物在其刚开始时都很小，随后就一步步按着常规阶段渐渐长大。这是有原因的，即我们刚出生时还太软弱、太娇气，不可能看见最好的东西，也不可能做最好的行为。美德和幸福的光芒，两样最令人向往的东西，是后来照到我们身上的，至于完全理解它们的本质，那还是更后来的事。柏拉图说得好，‘垂垂老时，还有好运获得智慧和真理的人是幸福的。’② 关于最初的自然之善我们已经说了很多，现在我们来思考随之而来的更重要的事物。一方面，在人体的生长发育过程中，大自然安排某些部分在刚出生时就非常完美，另一些部分随着发育渐渐形成，并没有用很多外在、人工的辅助手段。另一方面，对于心灵，她也赋予它与身体一样完全的功能，给它已经获得感知能力的感官，几乎或者完全不需要任何协助就能完全发展，但她忽视了人最高级、最高贵的部分。没错，她赋予了能够

① 指伊壁鸠鲁对自然科学的兴趣。
② 柏拉图《法律篇》653A。

接受各种美德的理智，在出生时就在理智里面播下了种子，天生就孕育着最高尚的观念，为后来的教育奠定了基础，可以说，在各种天赋中引出美德的基本要素。但是，关于美德本身，她只是赐给了种子，仅此而已。因而就要靠我们（当我说靠我们时，我的意思是说靠我们的科学）在自然赐给我们的基本原理的基础上去找出它们的逻辑发展，直到完全实现我们的目的。须知，这是比以上所说的身体的感官或天赋更有价值得多、更内在渴求的东西，因为理智的完美无与伦比，使它们具有几乎难以置信的优越性。因而，一切荣耀、一切敬慕、一切热情都指向美德，指向与美德一致的行为，心灵的所有这些属性和过程可以用一个名词来概括，那就是道德价值。

"所有这些概念的内涵，所有表示它们的术语的意义，以及它们的价值和本质，我们稍后再探讨。

22. "现在我们不妨解释一下我所提到的这个道德价值，它作为我们欲求的一个对象，不仅因为我们爱自己，还因为这是内在固有的，是其本质所是的。从孩子身上可以看到这样的线索，孩子就是自然本性的一面镜子。他们追逐对手是多么用劲，他们的竞争和比赛是多么激烈！胜利时是多么地欣喜，失败时又是怎样地羞愧！他们何其讨厌耻辱，何其渴求赞扬！若能独占鳌头，什么样的辛苦不能忍受！他们对那些向他们表示友好的人记忆何其深刻，何其渴望能涌泉相报！这些特点在高贵的品性中最明显，自然本性已经在这样的品性中勾勒出了我们所说的道德价值。但这属于童年；到了品性完全成型时这幅画就完成了。谁会对恶毫无厌恶之感，对善毫无赞美之意？那岂不是完全不像人了吗？谁不恨年轻人花天酒地、无所事事？相反，对彬彬有礼、整洁有序的年轻人，就是与他没有私人交情，谁能不敬？谁不憎恨叛徒弗雷格拉的普鲁斯·努米图利乌斯（Pullus Numitorius of

Fregellae），尽管他曾服务过我们国家？谁不赞美、颂扬保护这个城市的戈得鲁斯（Codrus），尊敬埃勒克塞乌斯（Erechtheus）的女儿们？谁不诅咒图布卢斯的名、热爱怀念亚里斯提德？我们岂能忘记听到或读到某种关于虔诚、友谊或宽容的事迹时所产生的强烈情感？我无须谈论我们自己，我们的出生、成长、教育都引导我们走向荣耀和尊严；想一想未受教育的大众——听到一个说：

我是俄瑞斯忒斯。

这样的话，听到另一个反驳说：

不，不，是我，我说我是俄瑞斯忒斯。

雷鸣般的掌声响彻剧院。于是两人都向国王提供一种方式解决他的迷惑和不解：'那么国王就杀了我们俩吧；我们要死在一起'。不论这出戏①演出多少场，岂不是每场都引起极其热烈的反响？这表明所有人毫无例外地喜欢、赞美不仅不为自己牟利，而且即使对自己不利也保持忠诚、正直品格的人。这样高尚的例子，不仅爱情故事中比比皆是，历史书上也屡见不鲜，尤其是我们国家的历史。正是我们选出最有美德的公民去领受来自伊达（Ida）的神圣标记；② 是我们派出王子们的监护人；③ 我们的指挥官为国捐躯；

---

① 参见第二卷注 17。

② 根据一个神谕，选出帕布利乌斯·科尼利乌斯·斯西比奥·纳西卡（Publius Cornelius Scipio Nasica）作为纯洁无瑕的人去领受西贝勒像（the image of Cybele），这像是公元前 204 年从腓拉基（Phrygia）带到罗马的。

③ 公元前 181 年托勒密·埃比弗尼斯王（King Ptolemy Epiphanes）死后，M. 埃米利乌斯·勒比图斯（Aemilius Lepidus）作为他儿子们的监护人管理埃及。

我们的执政官①在靠近罗马城墙的时候告诫国王，也即他们最痛恨的仇敌，让他警惕毒药。我们的共和国中有女子为赎回自己遭强暴的名誉而自寻短见，有父亲杀死亲生女儿，免其蒙受耻辱。所有这些事迹以及无数其他事迹，谁能说不是由道德价值的光芒激发的，毫无利欲之心，我们赞美它们不是出于别的考虑，正是出于道德价值的考虑？

23."关于这些因素就简单地说到这里（由于这一个题目没有任何含糊之处，所以我原不曾想讲得这么详细）。从这些因素可以得出明确无疑的结论，一切美德以及从中引发出来并与它们一致的道德价值是人从本质上内在渴求的。但在我们所论说的整个道德领域，没有比人类的团结更荣耀、范围更广的，各族类的联盟、利益的合作、人与人之间的真实情感，这些我们一出生就立即生成的东西是出于这样的事实：父母爱孩子，家庭作为整体由婚姻、亲情联结在一起，渐渐把影响力扩散到家庭之外，首先通过血缘关系，其次通过婚姻关系，再次是友谊、邻居，然后是同胞、政治联盟和朋友，最后到整个人类。这种情操就是公正，使每个人分有并宽容、平等地坚守我所说的团结和联盟；与此相关的是责任感、仁慈、自由、善意、礼貌以及诸如此类的恩典（graces）。虽然它们都是公正所特有的，但也是其他美德的构成因素。须知，人一出生就有一种内在的公民因素和爱国情感，用希腊语说就是'politikon'；所以每一种美德的行为都与人的情感及我所描述的团结联合相一致，公正转过来把它的动力渗透到其他美德中，并以培养加强这些美德为目的。唯有既勇敢又智慧的人才能保有公正。因而我所说的这种美德的大联合的性质也属于前面所说的道德价

---

① 公元前 278 年，法伯利赛乌斯（Fabricius）和埃米利乌斯·帕比乌斯（Aemilius Papius）告诫弗卢，他的医生给他下了毒。

值，因为道德价值或者就是美德本身，或者是美德的行为；符合道德价值、与美德一致的生活就可以说是正当的、道德的、一贯的、合乎自然的。

"同时这种相互融合的美德的复杂性也可以由哲学家从理论上分解为部分。虽然一方面美德是紧密联合的，每一种都参与其他各种，谁也不能与谁分离，但另一方面，每一种美德也各有自己特有的功能。自制在于放弃快乐，谨慎在于区分善恶，公正在于给予每人应得的份额。由于每种美德都不只是关心自己，而是包含对他人的关怀，以他人为目的，这样就产生一种情感状态，朋友、兄弟、亲戚、联系人、同胞，最后整个人类（因为我们的信条是整个人类都联合成一个社会）都是作为目的本身而渴求的事物。然而，这些关系没有一个能构成终极目的和终极之善的部分。由此我们发现因自身之故而渴求的事物有两类：一类是构成前述的终极之善的事物，即心灵或身体的善；另一类是外在的善，即既不属于心灵也不属于身体的善，比如朋友、父母、孩子、亲戚以及祖国，这些东西虽然本质上都是我们所珍爱的，但与前一类事物不是同类。事实上，如果所有那些外在于我们的、值得渴求之物都成为至善的构成部分，那么没有人能获得至善。

24. "你们会反驳说，既然友谊、关系以及其他外在的善不是至善的构成部分，怎么能说万物都是获得至善的手段呢？回答是，可以这样解释：我们通过源于彼此相连的那类美德的尽职行为拥有这些外在的善。比如，对朋友和父母尽职对行为者有益，因为这样的尽职行为是正当行为，而正当行为能提升他们的美德。智慧者在自然引导之下，把正当行为作为自己的目的；而不完全但具有高贵品质的人也常常回应荣誉的呼唤，这有点类似于道德价值。他们若是只得到道德价值的影子和名声就如此喜乐，那么如果能完全认识道德价值本身的绝对完美和全面，一切美德中最辉煌最荣耀的一个，那他们该是如何地欣喜若狂呢！追求快乐的人，尽管燃烧着最炽热的激情，但怎能感受到这种获得自己最渴望之物时的喜不自胜呢？就如大埃弗利卡努斯击败汉尼拔，或者小埃弗利卡努斯推翻迦太基（Carthage）时的感觉。有谁体验过在节日那天航行到提伯尔（Tiber）的极乐之境，就如路西乌斯·保罗斯（Lucius Paulus）扬帆在河面上一手擒拿了佩尔塞（Perses）王时的感受？现在，亲爱的路西乌斯，请你在自己的脑海里构建美德的高贵之塔，然后你就会确定无疑地感受到，那些获得了美德，以宽宏和正直作为行为指南的人是永远幸福的人；他们知道，时运的变迁，环境的起落，如果拿它们与美德抗衡，必是微不足道、软弱无力的。诚然，我们称为身体之善的事物也是构成最大幸福的一个因素，但没有它们仍然可以是幸福的。因为那些附加的好处极其渺小，与美德的万丈光华相比，简直就如阳光下的星辰，几近于无。当然，尽管这些身体优势与幸福无足轻重，但说它们毫无意义就未免过于笼统。人若主张这样的观点，在我看来无疑是忘记了他们自己确立的自然的第一原理。我们必须肯定身体的优点是重要的，问题在于要知道如何恰如其分地重视。真正的哲学家追求真理而不是卖弄学问，一方面不否认一切合乎自然的事物（就是那些夸夸其谈的老师自己也承认合乎自然的事物）都有价值，另一方面又认识到美德的潜能之大，可以说道德价值的影响力具有绝对优势，所有其他诸善尽管不能说无足轻重，但在它面前一比，就显得微不足道，似乎就是毫无价值的。人若是不鄙视美德之外的其他东西，同时给予美德应得的赞美，就要用这样的语言才恰如其分。简言之，这是对至善的充分、完整而周全的描述。

"所有其他学派都想方设法从这一体系中窃取片言碎语，每一学派都希望别人把自己所取的东西看作原版。

25．"亚里士多德和塞奥弗拉斯图斯常常高度赞美为知识而知识；伊里路斯为这一原则着迷，干脆主张知识就是至善，再没有事物本身就是渴求的目的。古人详尽阐述了职责如何大大高于人的时运；亚里斯托特别强调这一点，并且宣称唯有邪恶是应避免的，唯有美德是值得渴求的。我们学派把没有痛苦包括在合乎自然的事物里面；而希洛尼姆斯则干脆说这就是至善。另外，卡利弗和后来的狄奥德罗，一个陷入对快乐的爱，另一个追求没有痛苦，但两人都不可能摆脱道德价值，这是我们学派认为高于一切的善。就是致力于快乐的人也寻找遁词，终日把美德的名字挂在口头上，还宣称快乐只是最初的欲求对象，后来习惯产生出第二自然，出于这种自然，许多行为完全不以快乐为目的。最后还有斯多亚学派。斯多亚学派从我们这里取走的不是一两条原理，而是整个哲学体系。盗贼常做的事就是在偷来的东西上贴上新标签；斯多亚学派为把我们的观点当成他们自己的观点，就更换了名称，也就是事物的标签。因而，唯有我们的理论才是学习文科七艺的人、博学而出类拔萃的人、政治家和公子王孙应该学习的哲学。"

讲完这些话，他稍作停顿，又补充说："怎么样？你们是否认为我充分利用了特权，让你们听我讲课？""是的，庇索，"我回答，"你这次与其他许多场合一样表明了对你们的理论如此了如指掌，如果我们能有更多的机会听你讲，我想我们就用不着太多地倚重希腊人的帮助。我更愿意相信你，因为我记得你伟大的老师那不勒斯的斯塔赛亚斯，非常有名望的漫步派学者，也曾阐述过你们的理论，但与你的略有不同，他同意那些非常重视好运厄运、重视身体上的好歹的人"。"没错，"他说，"但我们的朋友安提奥库斯是比斯塔赛亚斯更优秀，也更坚定地拥护这一理论体系的人。虽然我不想知道我在多大程度上说服了你，但我想知道多大程度上说服了我们的朋友西塞罗，我想把你的学生拐走"。

26. 对此，路西乌斯回答说："噢，我完全相信你所说的一切，我想我的堂兄也是这样。""现在怎么样？"庇索问我，"你对这年轻人满意吗？或者你宁愿他学一种掌握之后就会引导他走向一无所知的理论体系？"①"噢，我还是让他自己选择，"我说，"但你难道忘了赞成你所说的理论对我来说是完全可能的？谁能拒不接受在他看来是可行的论述呢？""但是对于他没有完全领会、理解、认识的东西，他能赞成吗？"他说。"没有太多的必要来争论这个问题，庇索，"我反驳说，"我唯一不能理解的是斯多亚学派对那种能力的定义；他们说除非真正的显现具有这样一种性质，即不可能包含任何假的显现，否则任何东西都不可能理解。在这一点上我与斯多亚学派有分歧，但与漫步学派肯定没有争议。不过我们还是撇开这个问题，因为这需要很长且可能会有争执的讨论。我有疑问的是你所提到的智慧者始终幸福的观点，我认为太仓促，似乎一笔带过，没有展开论证。但这一观点若得不到充分证明，恐怕真理还是在塞奥弗拉斯图斯这边，因为他认为不幸、忧愁和身体的痛苦与幸福是不相容的。显然，说一个人很幸福，同时又说他陷入了恶，这是完全自相矛盾的。幸福与不幸怎么能合在一起，我实在无法明白"。"那么你究竟质疑哪一种观点呢？"他问，"是美德非常强大，不需要到外面寻找幸福的观点？或者你接受这一点，那么是不承认有德之人即使受困于某些恶也是幸福依旧？""噢，我愿意尽可能高举美德的能力，但我们撇开她究竟伟大到何等程度的问题；现在的唯一问题是，如果美德之外的东西可以归入善，她能否还是照样伟大如初？"他说："但是如果你同意斯多亚学派所说的唯有美德的显

① 指阿尔凯西劳和卡尔耐德的新学园派的怀疑主义。

现才能产生幸福，那么你也在这点上赞同漫步学派的看法。斯多亚学派没有勇气称之为恶，只说是讨厌的、不好的、'应拒斥的'、不合乎自然的，我们则称之为恶，虽然是很小的几乎可以忽视的恶。因此，如果一个人面对讨厌、应拒斥的环境仍能幸福的话，他也能在小恶的包围中幸福如旧。""庇索"，我反驳道，"如果可以这样说，你就如同非常敏锐的律师，能一眼看准问题的关键，一针见血地剖析。因而，我恳请你集中注意力。目前你还没有领会我的问题所在，尽管可能责任在我"。"我正全神贯注"，他回答，"期待你回答我的问题"。

27. "我的回答是，"我说，"我现在不是要问美德能产生什么结果，而是问关于美德的论述哪一个是自圆其说的，哪一个是自相矛盾的。""你再说明白点。"他说。"也就是说，"我说，"首先，芝诺阐明了高贵、神谕般的命题：'美德不需要向外寻找幸福'；'为什么？'有人问。'因为除了道德上的善就没有别的东西是善的。'我现在不是要问这话的对错，我只是说芝诺的话在逻辑上是非常连贯的。假如伊壁鸠鲁说同样的话，即智慧者永远幸福——他喜欢时时这样拿腔捏调地说，而且肯定还会告诉我们当智慧者遭受痛苦折磨时必会说：'这是多么快乐啊！我毫不在乎！'——也许我不该拿这个问题与这人相联系，指责他为何如此偏离至善的本质问题，而应当坚持认为，他不明白从他自己所宣称的痛苦是首恶这个命题中得出的必然推论是什么。现在我要以同样的思路反驳你。关于什么是善、什么是恶，你的论述与那些人——从未正眼瞧过哲学家，连画像也没有——的完全一致，因为你把健康、强壮、宁静、美、从头到脚的每个部分的正常称为善，把丑陋、疾病和软弱称为恶。至于外在的善，你确实非常小心，但既然这些身体上的优势是善，你必然会把它们所产生的事物也算为善，即友谊、孩子、关系、财富、地位、权力等。请注意我不说这是对是错，我所说的是，如果一个智慧者所遇到的不幸如你所说的是恶，那么成为有智慧的不足以获得幸福"。他说，"应该说对最大的幸福来说，光有智慧不够，但对幸福来说足够了"。我回答说："我注意到了你不久前对此作过区分，我还注意到我们的导师安提奥库斯也喜欢这样说。只是说一个人幸福却又不够幸福，还有比这更不能令人满意的话吗？足够之后，再增加就是太多；但至此，没有人拥有太多的幸福，因而没有人能比幸福更幸福。" "那么拿奎图斯·梅特路斯（Quintus Metellus）来说，他的前三个儿子都是执政官，其中一个还设立了监察官并庆祝一次胜利，第四个儿子是司法官，看着四个儿子健康、富足，三个女儿一一婚嫁，自己做过执政官、监察官、占卜官，取得过胜利，你对他怎么看？假如他还是一个智慧之人，那么与雷古路斯——被敌人俘虏，因饥饿和缺乏睡眠而死在敌人手里——相比（假设雷古路斯也是个智慧者），岂不是更幸福的？"

28. "你这个问题怎么问我呢？应该问斯多亚学派。"我说。"那么，"他说，"你认为他们会怎样回答？""梅特路斯不比雷古路斯更幸福。""好，"他说，"我们就从这里开始。""但我们偏离了正题。"我说，"我不是想探讨谁对谁错，我只是说哪个学派说得前后一致。我只希望他们确实承认幸福是有程度之分的，这样你就会看到大崩溃！既然善就在于美德，实际也就是道德价值，并且如他们所认为的，无论是美德还是道德价值都不可能增加，因为唯有那善的事物才是使其拥有者幸福的必要条件，既然构成幸福的唯一成分不可能增加，怎么会有谁比谁更幸福呢？你明白这样的逻辑吗？事实上（我必须承认我真的这样认为），他们的体系是个首尾连贯的整体。结论与最初的原理一致，中间步骤与两头相连，每一部分都与其他部分前后呼应。他们明白什么结论从什么前提推出，什么与所给予的前提矛盾。这就如同几何，承认前提就必须承认从前提推出的一切。承认唯有道德价值是善，你就必须承认幸福在于美德。反之亦然，承认后者，就必须承认前者。但你们学派却没有这样的逻辑性。你对'三种善'的叙述很清晰，但一到作结论的时候，就出了问题，因为你的结论想要论断智慧者不可能缺乏幸福的要件。那是道德风格，苏格拉底的风格，也是柏拉图的风格。'我敢断言,'学园派这样叫喊。你不能，除非你改动前面的论证。如果贫穷是恶，乞丐不可能幸福，即使他像你设想的那样富有智慧。但芝诺敢说有智慧的乞丐不仅是幸福的，还是富有的。痛苦是恶，那么被钉十字架的人不可能幸福。孩子是善，那么没有孩子就是不幸；祖国是善，被流放就是不幸；健康是善，疾病就是不幸；强健的身体是善，衰弱的身体就是不幸。好的视力是善，失明就是不幸。也许哲学家的安慰能一个个对付这些不幸，但如果它们全都一齐临到，他还能使我们有能力承受吗？假如一个人不仅是瞎子，还体衰，患重病，被流放，膝下无子，身无分文，备受折磨，芝诺，你给他取个什么名字呢？'幸福的人,'芝诺说。还是一个最幸福的人吧？'可以肯定,'他会回答说,'因为我已经证明幸福与美德一样没有程度之别，幸福只在于美德。'你绝不会这样做，你不相信他是极其幸福的。好，但谁能相信你所说的呢？把我召到由普通民众组成的陪审团前，你永远不可能说服他们相信如此痛苦的人是幸福的；把案子递到博学的人那里，对两项中的一项他们可能会怀疑自己的审判，即美德是不是有这样的功效，能使有美德的人身处法拉里公牛中仍然感到幸福；对另一点，他们会毫不犹豫地断定斯多亚学派的理论的自圆其说，你的则自相矛盾。学园派的说：'噢，那么你同意塞奥弗拉斯图斯的名作《论幸福》?'然而，我们偏离了正题，长话短说，庇索，"我说，"如果不幸如你说的就是恶，那么我确实完全同意塞奥弗拉图斯。""那么你不认为它们是恶？"他说。"对那个问题，"我说，"无论我作出什么回答，你都会陷入困境。""究竟怎么会呢？"他问。"因为，"我回答，"一方面，如果它们是恶，遭受这些不幸的人就不可能幸福；另一方面，如果它们不是恶，整个漫步学派的体系就要瓦解。""我明白你指什么了，"他笑着大声说，"你是怕我夺走你的学生"。我说，"欢迎你改变他，只要他愿意；其实只要他在你的圈子里，也必会在我的圈子里。"

29. "那么路西乌斯，听着，"庇索说，"我得亲自对你说。哲学的全部意义在于，如塞奥弗拉图斯所说的，在于获得幸福，我们所有人都有渴望幸福的炽热之心。对此你堂兄和我看法一致。因此，我们需要考虑的是，哲学家的理论体系能否给予我们幸福？他们当然宣称能，若不如此，柏拉图何必跑到埃及去，向野蛮人的神职人员学习算术和天文？他何必后来又去塔壬同拜访阿尔基塔（Archytas），或者罗克里（Locri）的其他毕达哥拉斯主义者埃奇克拉特（Echecrates）、蒂迈欧（Timaeus）、阿里翁（Arion），想要给他的苏格拉底图像添上毕达哥拉斯体系的解释，把他的研究伸展到那些苏格拉底拒斥的领域？毕达哥拉斯为何要亲自走遍埃及，寻访波斯的东方三圣哲？他为何要穿越那些广阔的外邦土地，航行那么多海域？德谟克利特为何也要这样做？据说德谟克利特（是真是假我们不去追问）亲手弄瞎了自己的眼睛，这当然是为了使心灵尽可能不受干扰地思考，他忽视祖传的产业，任田地荒芜，全神贯注地寻找什么呢？不就是幸福吗？即便他认为幸福在于知识，他仍然想着他对自然哲学的研究会给他带来心灵的愉悦，因为那是他的至善观，他称之为 'euthumia'，或更常用的 'athambia'，即没有惊恐。只是尽管他在这个题目上说得很精彩，却仍然没有触及本质，因为他对美德实在说得少之又少，并且也说得不清楚。这些问题到了后来才由雅典的苏格拉底开始探讨，先是在城里，后来传到我们现在这个地方。没有人怀疑，大家都同样希望正当的行为和幸福全在于美德。芝诺从我们学派学了这一理论，开始'以不同的方式讨论同样的问题'，如起诉书通常所说的那样。你倒赞同这种做法。毫无疑问，他可以改变事物的名称，从而免去自相矛盾的罪名，而我们却不能！他否认梅特路斯的生活比雷古路斯更幸福，却称之为'可取的'；不是更渴望的，而是'更值得采纳的'；若要选择，那么梅特路斯的是'应选取的'，雷古路斯的是'应拒斥的'。他称为'可取的''更值得采纳的'生活，我称为更幸福的，但是我并没有比斯多亚学派多给它一丁点儿价值。这有什么分别呢，不就是我对熟悉的事物采用了熟悉的名称，而他们炮制出新的术语来表达同样的意思吗？正如在元老院里总是有人要求翻译，所以当我们向听众介绍你们学派时必须使用翻译。我把一切合乎自然的东西称为善，违背自然的称为恶；这样做的并非唯独我一个，克律西坡，还有你，在公共事务和私人生活中也都这么分类，只是你在教室里却不这样讲了。那怎样呢？你认为哲学家该用不同于普通人的语言说话？学者和文盲在事物的价值上可能意见分歧，但当学者承认每个事物的价值是什么时——如果他们是人，他们就得采取可为人理解的表达方式。只要事物的本质保持不变，就任凭他们随心所欲地炮制新词吧。

30. "现在我要讲一讲关于不一致的指控，或者你会说我离题太频繁。你说的不一致是语言问题，但我认为它是一个事实问题。我们只是想要让人清楚地理解——在这一点上斯多亚学派是我们最强大的支持者——美德具有这样的力量，所有其他事物与它相比较都会黯然失色，完全消失。至于他们承认有益的、'应接纳的''可选的''可取的'（他们用这些词表示有相当大的价值的意思）事物，斯多亚学派使用了这么多名称来表示，有些是新造的，有些是原有的，就像你们的词'提高的''降低的'，有些意思一样（'渴求'一物与'选择'一物究竟有什么分别？在我听来，说一个事物可筛取，可使用选择，这种说法哗众取宠），——然而，当我称这些事物为善时，唯一重要的事是我意指什么样的善；当我称它们是可欲求的时，唯一的问题是，为何是可欲求的？但是我称它们'应欲求的'并不比你称它们为'可选取的'更值得欲求，我称它们为善，你称它们'提高的'，它们并不因我的称呼变得更有价值，所有这些外在的事物都必然在美德面前黯然失色，没有立足之地；美德的光芒就像阳光把它们完全遮掩。但你会说包含某种恶的生命不可能是幸福的。照那样说，如果你在谷物中发现了一根野燕麦，这收成就不是丰收了；如果在巨大的盈利中出现了一点小损失，这生意就不是有利润的生意了。难道一个原理对一切事物都适用，另一原理只适用于德行？你难道不从生活的最主要部分来判断整个生活？美德在人的事务中起着最重要的作用，其他一切与它相比都无足轻重，这一点还有什么疑惑吗？然后我要冒昧地把其他合乎自然的事物称为'善'，并且让它们保留原有的名称，不会发明新的名称。不过我会把美德的巨大容量放在天平的另一边。请相信，这天平能一下子把大地和海洋全压塌。任何整体都以其最居优势、最重要的部分命名，这是普遍规则。我们说某人是个快乐的小伙子，即使有一次他情绪低落了，难道就会因此而永远失去'快乐者'的称号？是的，这规则不适用于马库斯·克拉苏，据路西利乌斯说，他笑过但一生仅只一次，那并不妨碍他获得'agelastos'[1]的名字，路西利乌斯说他就得了这个名称。萨摩斯的波吕克拉特

---

[1] 即"不笑的"。

（Polycrates of Samos）被称为'幸运者'。他确实一直没有遇到什么不幸的事，只有一次把他的幸运戒掉进了海里。这一烦恼事可否使他不幸？当那枚戒指在鱼肚里找到之后，他是否又变得幸运了？但波吕克拉特如果是愚蠢的（他肯定是这样，因为他是个暴君），就永远不可能幸福；如果是智慧的，就是被达里乌斯（Darius）的总督奥洛伊特（Oroetes）钉十字架时也不会不幸。'但是他陷于许多恶中！'你说。谁否认了？但那些恶与他的巨大的美德相比只能黯然失色。①

31. "或者你甚至拒不让漫步学派说包含一切善的生活，也就是一切智慧者的生活，拥有一切美德之人的生活，始终拥有比恶多得多的善？谁这样说了？你想是斯多亚学派？根本不是；而是那些用苦乐来衡量万物的人，他们岂不是大声叫喊说，智慧者总是拥有更多他喜欢的东西，而不是他恨恶的东西吗？既然那些承认如果美德不产生快乐他们就不会为了它的缘故举手的人都如此重视美德，我们——认为最微小的心灵优点也超过所有身体上的好处，并使它们完全无影无踪——该做什么呢？有谁会胆敢说为了保证完全脱离痛苦永远放弃美德（如果可能的话）就会成为智慧者？我们学派（不因把斯多亚学派的'艰苦'称为恶而羞愧）中可曾有谁说犯快乐的罪比行痛苦的正当更好？我们认为赫拉克勒亚的狄奥尼修（Dionysius of Heraclea）因为眼疾而退出斯多亚学派是可耻的。似乎芝诺曾教导他感受疼痛不是痛苦的！他所听到的是——尽管他没有学过这样一课——痛苦不是恶，因为不是道德上的败坏，忍受它是男子汉的表现。假若狄奥尼修是漫步学派的信徒，我相信他就不会改变自己的观点；漫步学派说痛苦是一种恶，但要坚毅地忍受它所引起的烦恼。这一点他们的教

---

① 即假设他是个智慧者。

义与斯多亚学派的完全一样。你的朋友阿尔凯西劳虽然在争论上过于拘泥，但仍然是我们中的一员，因为他是玻勒谟的学生。当他遭受痛风折磨时，一位亲密朋友，就是伊壁鸠鲁主义者卡尔米德（Charmides）来看望他。后者看到他的样子，忧伤地要走。阿尔凯西劳就对他喊道：'我的朋友卡尔米德，请你留下，那里的痛一点也没有影响到这里（指他的脚和他的胸）。'然而他会更喜欢完全没有痛苦的状态。

32. "这就是你所认为的我们的自相矛盾的体系。另一方面，看到美德这种绝尘、神圣的优点，如此伟大的优点，凡是能找到她所激发威严、荣耀行为的地方，就不可能找到悲伤和忧愁，当然痛苦和烦恼还是有的，看到这一点，我会毫不犹豫地宣称，每个智慧者都永远是幸福的，只是一个比另一个可能更幸福。"我说，"好吧，庇索，你会发现那样的观点是需要费很大力气辩护的。如果你能坚持到底，你不仅可以改变我的堂兄，我自己也会转到你的阵营"。奎图斯评价说，"就我来说，我认为这一观点已经得到了令人满意的辩护，我非常高兴的是，我原来只是以为这种哲学非常朴实，远胜过其他学派的遗产，我对此高度赞赏（我相信对我来说她足够丰富，我完全可以在她那里找到我们学习中所追求的一切），没想到，这种哲学其实还比其他学派的理论体系更精致——有些人曾说她就缺乏这种品质"。"无论如何不比我们的更精致，"波姆波尼乌斯开玩笑地说，"但我严正声明，你的阐述令我非常高兴。你所阐明的思想，我原以为不可能用拉丁文表达出来，但你表达得像希腊人一样清楚，并且是用恰如其分的语言，只是我们的时间不多了，如果你们乐意，我们就直接上我那儿去坐坐吧"。大家确实感到讨论得差不多了，于是我们一行人就朝镇上波姆波尼乌斯家走去。

附录：西塞罗及主要著述年表①

公元前	生　平	理论著作
106	西塞罗 1 月 3 日出生	
91—88	社会战争②中，在庞培（Poempy）父亲手下服役，跟随缪西乌斯·斯卡渥拉（当时的占卜官）学习法律	
88	在罗马听拉里萨的斐洛（Philo of Larissa）讲课	
87	跟随缪西乌斯·斯卡渥拉（当时的大祭司）学习法律	
86		《论修辞学的发明》（写于公元前 91 年之后）
80	为塞克斯多·洛斯西乌斯（Sextus Roscius）辩护，他的第一次公共诉讼	

---

①　据 Cicero, *On Moral Ends*, Edited by Julia Annas, English Translated by Raphael Woolf, xxviii – xxx Chronology, Cambridge：Cambridge University Press；余友辉博士作了校正，并提供了更详细的说明。在此表示感谢。

②　指罗马与意大利同盟之间的同盟战争。

续表

公元前	生　　平	理论著作
79—78	在希腊和亚洲旅行并学习：听阿斯喀隆（Ascalon）的安提奥库斯、波西多尼乌斯、芝诺和斐德若（伊壁鸠鲁主义者）的课	
75—74	在利莱拜乌姆（Lilybaeum）担任西西里的财务官	
70	起诉维莱斯（Verres）在西西里犯的勒索罪	
69	市政官。在罗马开展了娱乐活动	
66	执法官。为庞培的指挥权①辩护	
65	儿子马库斯出生。兄弟奎图斯任市政官	
63	与安东尼（Antonius）共同任执政官。未经审判就处死谋反者	
62	奎图斯·西塞罗任执法官	
61	在指控克劳狄渎圣罪案件中作证，奎图斯·西塞罗担任亚洲行省总督（61—58）	
58	《克劳狄法令》，3月将西塞罗流放②	
57	奎图斯·西塞罗在庞培手下服役（57—56）	
	从流放地被召回，9月回到罗马	

---

① 指庞培对开往东方的军队所拥有的指挥权。

② 《克劳狄法令》将西塞罗从罗马流放，强制他必须移居到离意大利500里之外。

公元前	生　平	理论著作
56	西塞罗被警告，停止对他们①的反对	《论演说家》
54	奎图斯·西塞罗在高卢指挥作战的恺撒手下服役（54—52）	开始写作《论共和国》
53	西塞罗当选为占卜官，取代克拉苏	
51	前往西里西亚（Cilicia）担任行省总督，7 月 31 日抵达	《论共和国》出版
	奎图斯在他手下服役	开始写作《论法律》
50	离开西里西亚（Cilicia）（7 月 30 日），抵达意大利（11 月 24 日）	
49	西塞罗继续作和平的努力，② 尽管他被庞培委以指挥权	
	6 月，他离开意大利，去与庞培会合	
48	西塞罗回意大利，在布鲁底西姆（Brundisium）等待恺撒的宽恕	
47	7 月，西塞罗得到恺撒的宽恕，与兄弟奎图斯以及外甥小奎图斯在一起	
46	与特伦提娅（Terentia）离婚	《加图颂词》
	发表《为马尔塞鲁（Marcello）辩护》，在元老院发表演说感谢恺撒的宽恕	《布鲁图》 《斯多亚的悖论》

---

① 指三头政治同盟。

② 指试图调停恺撒与庞培之间的内战。

续表

公元前	生　平	理论著作
	与布普莉莉娅（Publilia）结婚	《演说家》
45	1月生育一子，	《自我安慰》
	2月图利娅（Tullia）① 生有一子，	《荷滕西斯：哲学的劝勉》
	不久夭折。图利娅难产而死	
	4月，年轻的马库斯开始求学雅典	《学园派怀疑论》②
		《论至善和至恶》（或译论道德目的）
		《图斯库勒论辩》（Tusculan Disputations），开始写作《论占卜》
44		《老加图：论老年》
	4—6月，参观他在意大利的乡间别墅	《论神性》完成
	7月17日，前往希腊	《论命运》
	然而，迅即返回	《论名声》
	8月31日奥古斯都（August）回罗马	《论题篇》
	9月2日发表《反安东尼：首篇腓利比克（Philippic）之辩》③	《莱伊利乌斯：论友谊》

① 图利娅系西塞罗的女儿。
② 或译《学园派哲学》。
③ 这些演说的正式名称是 Philippic，有译作《反腓利比克之辩》。以这个名称发表的演说共有 15 篇，其中四篇是在公元前 44 年发表的，其余则在公元前 43 年发表。

公元前	生　平	理论著作
	10—12 月访问他在意大利的乡间别墅，写成另外三篇《反腓利比克之辩》	《论责任》
43	发表第五至十四篇《反腓利比克之辩》	
	12 月 7 日①西塞罗被杀	

---

① Cicero, *On Moral Ends*, Edited by Julia Annas, English Translated by Raphael Woolf, xxviii – xxx Chronology 称是 12 月 9 日。我们专门请教了 Amata 教授。他肯定地回答说，传统认为被杀的日期是 12 月 7 日。

译名对照表

A

Aemilius，埃米利乌斯

Aeschines，埃斯切尼

Afranius，埃弗勒尼乌斯

Africani，埃弗利卡尼

Africanus，埃弗利卡努斯

Agesilaus，埃格西劳斯

Albucius，阿尔布西乌斯

Alcmaeon，阿尔马伊翁

Alexander，亚历山大

Alexandria，亚历山大里亚

Amynochus，阿米诺库斯

Anio，埃尼奥

Antiope，安提奥坡

Antiochus，安提奥库斯

Antipater，安提帕特

Apollo，阿波罗

Appius，阿比乌

Arcesilas，阿尔凯西劳

Archilochus，阿凯劳库斯

Archimedes，阿基米德

Archytas，阿尔基塔

Arion，阿里翁

Aristides，亚里斯提德

Aristippus，阿里斯底普斯

Aristo，亚里斯托

Aristophanes，亚里斯托法尼斯

Aristoxenus，亚里斯图森努斯

Aristotle，亚里士多德

Aristus，亚里斯图斯

Athens，雅典

Athos，埃托斯

Atilius，阿提利乌斯

Atticus，阿提库斯

Attius，埃提乌斯

Aulus，埃卢斯

Aufidius，埃菲底乌斯

B

Blest，勃莱斯特

Brutus，布鲁图

C

Caecilius，凯西利乌斯

Caepio，凯比奥

Calatinus，卡拉提努斯

Callipho，卡利弗

Carneades，卡尔耐德

Carthage，迦太基

Catilinarian，喀提林

Cato，加图

Ceramicus，塞拉米库斯

Charmides，卡尔米德

Circeii，西尔塞伊

Chios，奇俄斯

Chremes，克勒梅

Chrysippus，克律西坡

Cincinnatus，辛辛奈图

Citium，西提乌姆

Claudius，克劳狄

Cleanthes，克利赛斯

Codrus，戈得鲁斯

Colonus，克罗努斯

Cornelius，科尼利乌斯

Consentia，康赛提亚

Crantor，克兰托

Crassus，克拉苏

Critolaus，克里特劳斯

Croesus，克洛伊苏斯

Cumae，库马依

Curius，库里乌

Cybele，西贝勒

Cynics，犬儒学派

Cyprus，塞浦路斯

Cyrenaics，昔兰尼加学派

Cyrenaic School，昔兰尼加学派

Cyrus，居鲁士

D

Damon，达翁

Danaans，达奈尼斯

Darius，达里乌斯

Decius，德西乌斯

Demetrius，德谟特里乌斯

Democritus，德谟克利特

Demosthenes，德谟斯提尼

Dicearchus，狄凯库斯

Dinomachus，狄诺玛科斯

Diodorus，狄奥德罗

Diogenes，狄奥根尼

Dionysius，狄奥尼修

Dipylon，迪比龙

Drusus，德鲁苏斯

E

Echecrates，埃奇克拉特

Electra，埃勒克特拉

Endymion，恩狄米翁

Ennius，恩尼乌斯

Epaminondas，埃帕米诺达斯

Epicurus，伊壁鸠鲁

Epiphanes，埃比弗尼斯

Erechtheus，埃勒克塞乌斯

Erillus，伊里路斯

Euphrates，幼发拉底河

Euripides，欧里庇得斯

F

Fabricius，法伯利赛乌斯

Fadia，法底亚

Fadius，法底乌斯

Fregellae，弗雷格拉

G

Gaius，盖乌斯

Gallic，格利克

Gallonius，格罗尼乌斯

Gallus，格罗斯

Gamelion，格梅尼奥

Gnaeus，格奈乌斯

Gorgias，高尔吉亚

Gracchus，格拉库斯

H

Hannibal，汉尼拔

Hellespont，赫勒斯庞特

Heraclea，赫拉克勒亚

Heraclitus，赫拉克利特

Hercules，赫尔库勒斯

Hermarchus，赫尔马库斯

Herodotus，赫罗多图

Hieronymus，希洛尼姆斯

Homer，荷马

Hortensius，荷滕西斯

Hostilius，赫斯提利乌斯

Hymettus，赫梅图斯

I

Imperiosus，伊佩利奥苏斯

J

Jove，约维

L

Lacedemon，拉克代蒙

Laelius，莱伊利乌斯

Lanuvium，勒努维乌姆

Lapithae，勒比忒依

Lemnos，列姆诺斯

Leonidas，列奥尼达斯

Leontini，林地尼

Lepidus，勒比图斯

Liber，利伯尔

Licinius，利西尼乌斯

Locri，罗克里

Lucretia，路克莱提娅

Lucilius，路西利乌斯

Lucius Torquatus，路西乌斯·塔
　奎图斯

Lucullus，鲁库鲁斯

Lyco，吕科

Lycurgus，吕库古斯

M

Macedonia，马赛多尼亚

Manilius，马尼利乌斯

Manius，马尼乌斯

Marcus，马库斯

Marius，马利乌斯

Medea，美狄亚

Menander，梅南德

Metapontum，梅塔坡图姆

Metellus，梅特路斯

Metrodorus，梅特罗多鲁

Miltiades，米提亚德

Mnesarchus，米奈萨库斯

Manlius，曼利乌斯

Mantinea，曼提尼亚

Mucius，缪西乌斯

Murena，缪莱那

Mycenae，迈锡尼

N

Naples，那不勒斯

Nasica，纳西卡

Nicomachus，尼各马科

Numantines，努曼提奈斯

Numitorius，努米图利乌斯

O

Octavius，奥克塔维乌斯

Oedipus，俄狄浦斯

Old Academy，老学院派

Orata，俄拉塔

Orestes，俄瑞斯忒斯

Oroetes，奥洛伊特

P

Pacuvius，帕库维乌斯

Panaetius，潘奈提乌斯

Papius，帕比乌斯

Paulus，保罗斯

Peducaeus，佩多凯乌斯

Pericles，伯里克利

Peripatetics，漫步学派

Perses，佩尔塞

Persius，佩尔西乌斯

Phaedrus，斐德若

Phalerum，斐勒鲁姆

Phalaris，法拉里

Pheidias，菲狄亚

Phidias，斐狄亚斯

Philip，菲利普

Philoctetes，菲罗克泰特

Philodemus，菲罗德姆

Phintias，芬提亚斯

Phoenicia，弗伊尼西亚

Phrygia，腓拉基

Pindar，品达

Pirithous，皮瑞塞斯

Piso，庇索

Plato，柏拉图

Plotius，普罗提乌斯

Polemo，玻勒谟

Polyaenus，波利亚努斯

Polyclitus，波吕克莱托

Polycrates，波吕克拉特

Pompeius，波姆佩伊乌斯

Pompey，庞培

Pomponius，波姆波尼乌斯

Pontius，波提乌斯

Posidonius，波西多尼乌斯

Postumius，波斯图米乌斯

Ptolemy，托勒密

Publius，帕布利乌斯

Pullus，普鲁斯

Puteoli，普特奥莱

Pylades，毕莱得斯

Pyrrho，弗罗

Pythian，庇提安

Q

Quintus，奎图斯

R

Regulus，雷古路斯

Rhodes，罗得

Rufus，鲁弗

Rutilius，鲁提利乌斯

S

Samos，萨摩斯

Sardanapalu，萨达奈帕洛

Scaevola，斯卡渥拉

Scipio，斯西比奥

Servilius，塞维利乌斯

Sextilius，塞克斯提利乌斯

Sextus，塞克斯多

Sicily，西西里

Silanus，西勒努斯

Simonides，西蒙尼德

Sirens，塞壬三姐妹

Siro，西罗

Solon，梭伦

Sophocles，索福克勒斯

Sparta，斯巴达

Speusippus，斯彪西波

Strato，斯特拉图

Staseas，斯塔赛亚斯

Statius，斯坦提乌斯

Stoicism，斯多亚学派

Sulla，苏拉

Syracuse，叙拉古

T

Tantalus，塔泰卢斯

Tarentum，塔壬同

Tarquin，塔奎尼

Tauri，塔乌里

Terence，泰伦斯

Themista，塞米斯塔

Themistocles，塞米斯托克勒斯

Thermopylae，塞谟比拉

Theophrastus，塞奥弗拉斯图斯

Thoas，托亚斯

Thorius，托利乌斯

Theseus，忒修斯

Tiberius，提伯里乌斯

Timaeus，蒂迈欧

Timocrates，提摩格拉底斯

Titus，提图

Tritannus，忒勒坦努斯

Torquati，塔奎提

Torquatus，塔奎图斯

Trabea，忒勒比亚

Triarius，忒莱阿里乌斯

Troy，特洛伊

Tubulus，图布卢斯

Tubero，图伯罗

Tullus，图卢斯

Tusculum，图斯库鲁姆

U

Ulysses，乌利赛斯

V

Varius，瓦莱乌斯

Verginius，维基尼乌斯

Veseris，维塞里斯

Voconian，伏克尼安

X

Xenocrates，色诺克拉底

Xenophon，色诺芬

Xerxes，薛西斯

Z

Zeno，芝诺

Zeuxis，芝西斯